HET COMPLETE KOOKBOEK VAN OESTERLOVER

Verken de wereld van oesters via 100 onweerstaanbare creaties

PHILIP VAN DER LAAN

Auteursrechtmateriaal ©2023

Alle rechten voorbehouden

Geen enkel deel van dit boek mag in welke vorm of op welke manier dan ook worden gebruikt of overgedragen zonder de juiste schriftelijke toestemming van de uitgever en eigenaar van het auteursrecht, met uitzondering van korte citaten die in een recensie worden gebruikt. Dit boek mag niet worden beschouwd als vervanging voor medisch, juridisch of ander professioneel advies.

INHOUDSOPGAVE

INHOUDSOPGAVE 3
INLEIDING 6
ONTBIJT 8
    1. Oesteromelet 9
    2. Hangtown Fry met Parmezaanse kaas en verse kruiden 11
    3. Oesters Benedictus 13
    4. Frittata van oesters en spinazie 15
    5. Toast met oesters en avocado 17
    6. Bagel met oesters en roomkaas 19
    7. Oesterontbijthash 21
    8. Ontbijtwrap met oesters en spinazie 23
    9. Ontbijtquiche met oesters en spek 25
    10. Frittata van oesters en asperges 27
    11. Ontbijtkoekjes met oesters en cheddar 29
    12. Oester- en maïsmeelpannenkoeken 31
    13. Oesterontbijttaco's 33
    14. Bagelsandwich met oesters en gerookte zalm 35
    15. Ontbijtkom met oesters en grits 37
    16. Ontbijtpannenkoekjes met oesters en champignons 39
SNACKS EN VOORGERECHTEN 41
    17. Oesterkroketten 42
    18. Oester- en tomatenbruschetta 44
    19. Oestersushibroodjes 46
    20. Crostini met oesters en blauwe kaas 48
    21. Cajun gebakken garnalen en oesters 50
    22. Gebakken oesters 52
    23. Ceviche van oesters en habanero 54
    24. Bacon-oesterhapjes 56
    25. Oesters en kaviaar 58
    26. Oesterloempia's 60
    27. Tempura gebakken oesters 62
    28. Klassieke oesters Rockefeller 65
    29. Oesterschutters 67
    30. Voorgerechten in oester- en spekverpakking 69
    31. Pittige oesterdip 71
    32. Oester- en komkommerhapjes 73
    33. Oester- en mangosalsa Tostadas 75
    34. Crostini met oesters en pesto 77
    35. Jalapeño-poppers met oesters en spek 79
    36. Guacamole van oesters en mango 81
    37. Met oesters en geitenkaas gevulde champignons 83
    38. Oester- en ananasspiesjes 85
    39. Oester- en prosciuttobroodjes 87
    40. Ceviche van oesters en mango 89

41. Oester- en knoflookboter-escargotstijl 91
42. Oesters op Spaanse wijze 93
43. Ponzu-oesters 95
44. Mignonette-oesters 97
45. Komkommer & Lychee Granita Oesters 99
46. Salsa Verde Oesters 101
47. Kilpatrick-oesters 103
48. Gin & Tonic-oesters 105
49. Appelcideroesters 107

NETVOEDING 109
50. Oesternoedels 110
51. Oesterschotel 112
52. Jambalaya met oesters en worst 115
53. Oesterstoofpot 117
54. Zalm met oesters en zeewier 119
55. Oestersoepstoofpot 121
56. Eenvoudige gegrilde oesters 123
57. Asiago-oesters van knoflook 125
58. Wasabi-oesters 127
59. Risotto van oesters en paddenstoelen 129
60. Gekruide gerookte oesters 131
61. Oesters met Saus Mignonette 133
62. Oesters met Champagne Sabayon 135
63. Gefrituurde oesters met chili-knoflookconfetti 137
64. Gegrilde oesters met knoflook-parmezaanse boter 139
65. Oester Po'Boy 141
66. Virginia Ham en Oesters 143
67. Oesters en scheermessen 145
68. Met oesters en spinazie gevulde kippenborst 147
69. Oester- en garnalenpasta 149
70. Gegrilde oestertaco's 151
71. Carbonara met oesters en spek 153
72. Roerbakken van oesters en teriyaki 155

SOEPEN EN CHOWDER 157
73. Crockpot kreeftenbisque 158
74. Oester- en zoete aardappelsoep 160
75. Oester- en maïssoep 162
76. Oestersoep met Gember 164
77. Rokerige oester- en aardappelsoep 166
78. Lotuswortel- en champignonsoep 168
79. Lagniappe-chili 170
80. Pittige oester- en tomatensoep 173
81. Aardappelsoep met oesters en prei 175
82. Aziatische chrysantenkom 177
83. Bisque van oesters en wilde paddenstoelen 179
84. Soep van oesters en geroosterde rode paprika 181

85. Oester- en maïsvelouté 183
86. Zeevruchtensoep met oesters en saffraan 185
87. Romige oester- en aardappelsoep 187
88. Oester- en knolselderijsoep 189
89. Gerookte oestersoep 191
90. Bisque van oesters en venkel 193

SALADES EN BIJZIJDEN **195**
91. Oester- en avocadosalade 196
92. Rockefeller-oestersalade 198
93. Quinoasalade met oesters en granaatappel 200
94. Oester- en avocado-komkommersalade 202
95. Oester-mangosalade met chili-limoendressing 204
96. Oester- en watermeloensalade 206
97. Oester- en aspergesalade 208
98. Oester- en quinoasalade 210
99. Oester- en couscoussalade 212
100. Slaw van oesters en radijs 214

CONCLUSIE **216**

INVOERING

In de wereld van de gastronomie zijn er maar weinig schatten uit de zee die de zintuigen boeien en een culinaire passie aanwakkeren zoals oesters. Hun zilte sappigheid en kenmerkende texturen verweven al eeuwenlang verhalen over maritieme verwennerij, waardoor een erfenis ontstond die tijd en getijden overstijgt. Welkom bij "Het complete kookboek van oesterlover", een culinair compendium dat je uitnodigt voor een meeslepende reis door het buitengewone rijk van oesters.

Als we de pagina's van dit kookboek openen, stappen we een wereld binnen waar de symfonie van de zee het culinaire verhaal orkestreert. Oesters, met hun rijke geschiedenis en diverse variëteiten, worden niet alleen ingrediënten , maar hoofdrolspelers in een gastronomisch verhaal dat zich ontvouwt in kustlandschappen, maritieme tradities en de keukens van enthousiaste oesterliefhebbers.

Stel je de ruige kusten voor, waar de eb en vloed van het getij het ritme van het leven dicteren. Stel je de levendige vismarkten voor, bruisend van de energie van de vissers die de vangst van de dag binnenbrengen. Stel je de gemeenschappelijke vreugde voor van het pellen van feesten en de intieme bijeenkomsten waar oesters centraal staan, waarbij elke schelp een schip is dat de essentie van de oceaan naar het gretige gehemelte brengt.

Dit kookboek is een paspoort om de genuanceerde kunst van het waarderen van oesters te verkennen. Het gaat verder dan het pellen en nodigt je uit om de mysteries van verschillende oestervariëteiten te ontrafelen, het subtiele samenspel van smaken te begrijpen en de technieken onder de knie te krijgen die deze weekdieren tot culinaire meesterwerken transformeren. Van de fluweelzachte omhelzing van rauwe oesters tot de zinderende allure van gekookte creaties: elk recept is een liefdesbrief aan de veelzijdige charme van deze oceanische juwelen.

Of u nu een doorgewinterde oesterliefhebber bent of iemand die aan een oesteronderzoek begint, deze pagina's zijn een culinair toevluchtsoord. Ga met ons mee terwijl we ons verdiepen in de nuances van het oesterterroir, experimenteren met inventieve combinaties en de tijdloze allure van deze tweekleppige wonderen vieren. Laten we samen door de complexe, rijke en onweerstaanbare wereld van oesters navigeren - een reis die niet alleen verrukkelijke hapjes belooft, maar ook een diepe waardering voor de overvloed van de oceaan.

Dus, met het oestermes in de hand en een gevoel van culinair avontuur, kan de ontdekkingstocht beginnen. Moge uw keuken een canvas zijn voor de smaken van de zee, en moge "Het complete kookboek van oesterlover" uw vertrouwde gids zijn door de betoverende wereld van oesterverwennerij.

ONTBIJT

1. Oester omelet

INGREDIËNTEN:
- 1 dozijn kleine oesters, gepeld, ongeveer 30-30 gram
- 2 losgeklopte eieren
- 2 eetlepels zoete aardappelmeel
- 1/4 kopje water
- Fijngehakte koriander en groene uien
- Zout peper
- 2 eetlepels reuzel of olie om te frituren

INSTRUCTIES:
a) Maak in een grote kom een dun beslag met het zoete aardappelmeel en water. Zorg ervoor dat de bloem volledig is opgelost.
b) Verhit de pan tot roken. Smeer het oppervlak van de pan in met reuzel of olie.
c) Giet het zoete aardappelbeslag erbij. Als het bijna volledig uitgehard is, maar nog nat aan de bovenkant, giet je de eieren erbij, losgeklopt met zout en peper.
d) Wanneer de onderkant van de omelet met zetmeelkorst goudbruin is en het losgeklopte ei half gestold is, breek je de omelet met een spatel in stukjes. Duw ze opzij.
e) Voeg oesters, groene uien en koriander toe en roerbak gedurende 1/2 minuut . Vouw en meng met ei.
f) Serveer met hete saus of de zoete chilisaus naar keuze.

2. Hangtown Fry met Parmezaanse kaas en verse kruiden

INGREDIËNTEN:
- 6 grote eieren
- ¼ kopje zware room
- 2 streepjes hete pepersaus
- 1 theelepel gehakte verse basilicum
- 1 theelepel gehakte verse oregano
- ¼ theelepel versgemalen zwarte peper
- ⅓ kopje vers geraspte Parmezaanse kaas, verdeeld
- 1 theelepel olijfolie
- 1 eetlepel boter
- 12 gepelde kleine oesters, uitgelekt
- 2 eetlepels gehakte verse peterselie

INSTRUCTIES:
a) Verwarm de grill voor; plaats het rek ongeveer 15 cm van de grilleenheid.
b) Klop de eieren in een kom. Voeg room, hete saus, basilicum, oregano, zwarte peper en 1 toe eetlepel geraspte Parmezaanse kaas.
c) Verhit olie in een koekenpan op middelhoog vuur. Smelt de boter in de koekenpan en roer deze rond rond om de pan gelijkmatig te bedekken. Leg de oesters in de pan en bak ze aan beide kanten bruin, ongeveer 1 minuut aan elke kant. Laat de vloeistof iets inkoken, ongeveer 30 seconden langer.
d) Giet het eimengsel langzaam over de oesters en zorg ervoor dat de oesters gelijkmatig verdeeld zijn in de pan. Schud de pan na ongeveer 30 seconden lichtjes, maar roer niet. Na ongeveer 3 minuten wanneer de bodem en zijkanten van de eieren beginnen te stollen, strooi de rest kaas erop en plaats de pan onder de grill.
e) Rooster tot de eieren langs de randen beginnen te puffen en de bovenkant mooi bruin is, 5 to 7 minuten. Haal uit de oven; bestrooi met gehakte peterselie. Serveer onmiddellijk

3. Oesters Benedictus

INGREDIËNTEN:
- 4 Engelse muffins, gespleten en geroosterd
- 8 gepocheerde eieren
- 16 verse oesters, licht gepocheerd
- Hollandaise saus
- Gehakte bieslook ter garnering

INSTRUCTIES:
a) Plaats twee gepocheerde eieren op elke Engelse muffinhelft.
b) Beleg elk met twee gepocheerde oesters.
c) Schep de hollandaisesaus over de oesters.
d) Garneer met gehakte bieslook.
e) Serveer onmiddellijk.

4.Frittata van oesters en spinazie

INGREDIËNTEN:
- 12 verse oesters, gepeld
- 1 kopje verse spinazie, gehakt
- 8 eieren
- 1/2 kopje melk
- Zout en peper naar smaak
- 1 kopje geraspte Gruyere-kaas

INSTRUCTIES:
a) Verwarm de oven voor op 190°C.
b) Klop de eieren, melk, zout en peper in een kom.
c) Vet een ovenbestendige koekenpan in en plaats deze op middelhoog vuur.
d) Voeg spinazie toe en kook tot het geslonken is.
e) Verdeel de gepelde oesters over de spinazie.
f) Giet het eimengsel over de oesters en spinazie.
g) Strooi er geraspte Gruyère-kaas over.
h) Zet de koekenpan in de oven en bak 20-25 minuten of tot hij stevig is.
i) Snijd en serveer.

5. Toast met oesters en avocado

INGREDIËNTEN:
- 4 sneetjes volkorenbrood, geroosterd
- 2 rijpe avocado's, gepureerd
- 8 verse oesters, gepeld
- Citroensap
- Rode pepervlokken (optioneel)
- Zout en peper naar smaak

INSTRUCTIES:
a) Verdeel de gepureerde avocado gelijkmatig over elk sneetje geroosterd brood.
b) Leg op elke toast twee gepelde oesters.
c) Knijp een beetje citroensap over elke toast.
d) Breng indien gewenst op smaak met peper, zout en rode pepervlokken.
e) Serveer onmiddellijk.

6.Bagel met oesters en roomkaas

INGREDIËNTEN:
- 4 bagels, gespleten en geroosterd
- 8 ons roomkaas, verzacht
- 16 verse oesters, gepocheerd of gegrild
- Kappertjes voor garnering
- Verse dille voor garnering

INSTRUCTIES:
a) Verdeel roomkaas op elke helft van de geroosterde bagels.
b) Leg de gepocheerde of gegrilde oesters op de roomkaas.
c) Garneer met kappertjes en verse dille.
d) Serveer met een open gezicht.

7.Oester Ontbijt Hash

INGREDIËNTEN:

- 1 pond aardappelen, in blokjes gesneden
- 1 ui, in blokjes gesneden
- 1 rode paprika, in blokjes gesneden
- 16 verse oesters, gepeld
- 4 eieren
- Zout en peper naar smaak
- Verse peterselie ter garnering

INSTRUCTIES:

a) Kook de aardappelen in een koekenpan goudbruin en knapperig.
b) Voeg de uien en paprika toe aan de pan en bak tot ze zacht zijn.
c) Voeg de gepelde oesters toe en kook tot ze net zijn opgewarmd.
d) Bak in een aparte pan de eieren naar wens.
e) Serveer de oesterhasj met een gebakken ei.
f) Garneer met zout, peper en verse peterselie.

8.Ontbijtwrap met oesters en spinazie

INGREDIËNTEN:
- 4 grote bloemtortilla's
- 1 kopje verse spinazie, gebakken
- 16 verse oesters, gegrild of geschroeid
- 1 kopje fetakaas, verkruimeld
- Hete saus (optioneel)

INSTRUCTIES:
a) Leg elke tortilla neer en verdeel de gebakken spinazie gelijkmatig.
b) Leg de gegrilde of in de pan geschroeide oesters op de spinazie.
c) Strooi verkruimelde fetakaas over de oesters.
d) Besprenkel indien gewenst met hete saus.
e) Rol de tortilla's op tot wraps en serveer.

9.Ontbijtquiche met oesters en spek

INGREDIËNTEN:
- 1 kant-en-klare taartbodem
- 12 verse oesters, gepeld
- 6 plakjes spek, gekookt en verkruimeld
- 1 kop geraspte Zwitserse kaas
- 4 eieren
- 1 kopje half en half
- Zout en peper naar smaak

INSTRUCTIES:
a) Verwarm de oven voor op 190°C.
b) Plaats de taartbodem in een taartvorm.
c) Verdeel de gepelde oesters en het verkruimelde spek over de korst.
d) Strooi er geraspte Zwitserse kaas over.
e) Klop in een kom de eieren, half om half, zout en peper.
f) Giet het eimengsel over de oesters, spek en kaas.
g) Bak gedurende 35-40 minuten of tot de quiche gaar is.
h) Laat het iets afkoelen voordat u het snijdt en serveert.

10. Frittata van oesters en asperges

INGREDIËNTEN:
- 12 verse oesters, gepeld
- 1 kopje asperges, gehakt
- 8 eieren
- 1/2 kop geraspte Parmezaanse kaas
- Zout en peper naar smaak
- 2 eetlepels olijfolie

INSTRUCTIES:
a) Verwarm de oven voor op 190°C.
b) In een ovenbestendige koekenpan bak je de asperges in olijfolie tot ze licht gaar zijn.
c) Voeg de gepelde oesters toe aan de pan en kook een paar minuten.
d) Klop in een kom de eieren, Parmezaanse kaas, zout en peper door elkaar.
e) Giet het eimengsel over de asperges en oesters.
f) Laat het een paar minuten op het fornuis koken en schuif het dan in de oven.
g) Bak tot de frittata stevig en goudbruin is.
h) Snijd en serveer.

11. Ontbijtkoekjes met oesters en cheddar

INGREDIËNTEN:
- 8 koekjes, gespleten en geroosterd
- 16 verse oesters, licht gepocheerd
- 1 kopje geraspte cheddarkaas
- 1/2 kop mayonaise
- 1 eetlepel Dijon-mosterd
- Verse dille voor garnering

INSTRUCTIES:
a) Meng in een kom geraspte cheddar, mayonaise en Dijon-mosterd.
b) Verdeel het cheddarmengsel over elke helft van de geroosterde koekjes.
c) Leg er licht gepocheerde oesters op.
d) Garneer met verse dille.
e) Serveer als ontbijtsandwiches met open gezicht.

12. Oester- en maïsmeelpannenkoeken

INGREDIËNTEN:
- 1 kopje maïsmeel
- 1 kopje bloem voor alle doeleinden
- 2 theelepels bakpoeder
- 1/2 theelepel zout
- 2 eieren
- 1 kopje melk
- 16 verse oesters, gepeld
- Boter om te koken

INSTRUCTIES:
a) Meng in een kom maïsmeel, bloem, bakpoeder en zout.
b) Klop in een andere kom de eieren en de melk los en voeg deze toe aan de droge ingrediënten.
c) Verhit een bakplaat of koekenpan en smelt de boter.
d) Schep het pannenkoekenbeslag op de bakplaat en leg op elke pannenkoek een gepelde oester.
e) Kook totdat er belletjes op het oppervlak ontstaan, draai dan om en kook de andere kant.
f) Serveer met ahornsiroop of hete saus.

13.Oesterontbijt Taco's

INGREDIËNTEN:
- 8 kleine maïstortilla's
- 16 verse oesters, gegrild of geschroeid
- 1 kopje koolsalademix
- 1/2 kop in blokjes gesneden tomaten
- Chipotle-mayo om te besprenkelen
- Verse koriander voor garnering

INSTRUCTIES:
a) Verwarm de maïstortilla's in een droge koekenpan of magnetron.
b) Leg op elke tortilla gegrilde of in de pan geschroeide oesters.
c) Top met koolslamix en in blokjes gesneden tomaten.
d) Besprenkel met chipotle-mayo.
e) Garneer met verse koriander.
f) Serveer als heerlijke ontbijttaco's.

14. Bagelsandwich met oesters en gerookte zalm

INGREDIËNTEN:
- 4 alles bagels, gespleten en geroosterd
- 8 ons gerookte zalm
- 16 verse oesters, gepocheerd of gegrild
- Roomkaas
- Plakjes rode ui
- Kappertjes voor garnering

INSTRUCTIES:
a) Verdeel roomkaas op elke helft van de geroosterde bagels.
b) Leg plakjes gerookte zalm op de onderste helft.
c) Beleg met gepocheerde of gegrilde oesters.
d) Voeg plakjes rode ui en kappertjes toe.
e) Leg de andere helft van de bagel erop.
f) Serveer als een bevredigende bagelsandwich.

15. Ontbijtkom met oesters en grits

INGREDIËNTEN:
- 1 kop grit, gekookt
- 16 verse oesters, licht gepocheerd
- 1 kop kerstomaatjes, gehalveerd
- 1/4 kopje groene uien, gehakt
- Hete saus om te besprenkelen
- Gepocheerde eieren (optioneel)

INSTRUCTIES:
a) Kook de grits volgens de verpakking INSTRUCTIES:.
b) Schep de gekookte korrels in kommen.
c) Beleg met licht gepocheerde oesters, kerstomaatjes en groene uien.
d) Besprenkel met hete saus.
e) Voeg eventueel gepocheerde eieren toe.
f) Serveer warm.

16. Ontbijtpannenkoekjes met oesters en champignons

INGREDIËNTEN:
- 8 pannenkoeken (gekocht of zelfgemaakt)
- 16 verse oesters, gebakken of gegrild
- 1 kopje champignons, in plakjes gesneden
- 1/2 kop Gruyere-kaas, versnipperd
- Verse tijm voor garnering
- Zout en peper naar smaak

INSTRUCTIES:

a) Leg in elke crêpe gebakken of gegrilde oesters en in plakjes gesneden champignons.
b) Strooi Gruyère-kaas over de oesters en champignons.
c) Breng op smaak met zout en peper.
d) Vouw de pannenkoeken dubbel en plaats ze in een ovenschaal.
e) Bak totdat de kaas gesmolten en bubbelend is.
f) Garneer met verse tijm en serveer.

SNACKS EN VOORGERECHTEN

17. Oesterkroketten

INGREDIËNTEN:
- ¼ kopje boter
- ¼ kopje Bloem voor alle doeleinden
- 1 kopje melk
- Zout
- Versgemalen peper
- 3 eetlepels Boter
- 4 Gehakte sjalot
- 1 pond Gehakte champignon
- 24 Gepelde en geklopte droge oester
- (voor frituren) plantaardige olie
- 3 Ei
- Meel voor alle doeleinden
- 4 kopjes Verse broodkruimels
- Waterkers
- Schijfjes citroen

INSTRUCTIES:
a) Smelt ¼ kopje boter in een zware middelgrote pan op laag vuur.
b) Klop ¼ kopje bloem erdoor en roer 3 minuten. Klop de melk erdoor en breng aan de kook. Zet het vuur lager en laat 5 minuten sudderen, af en toe roeren. Breng op smaak met zout en peper.
c) Smelt 3 eetlepels boter in een zware, middelgrote koekenpan op middelhoog vuur. Voeg de sjalotjes toe en kook tot ze zacht zijn, af en toe roerend, ongeveer 5 minuten. Voeg de champignons toe, zet het vuur hoger en kook tot alle vloeistof verdampt, af en toe roerend, ongeveer 10 minuten. Breng op smaak met zout en peper. Roer het champignonmengsel door de saus. Koel.
d) Verhit de koekenpan op middelhoog vuur. Voeg de oesters toe en roer 2 minuten.
e) Koel.
f) Verhit olie tot 425 graden. in een frituurpan of een zware grote pan. Klop de eieren los en vermeng ze met 1 eetlepel plantaardige olie. Verdeel de saus rond elke oester en vorm een sigaar. Haal de bloem erdoor en schud het overtollige eraf. Doop in het eimengsel. Rol het broodkruim erdoor. Bak in batches tot ze goudbruin zijn, ongeveer 4 minuten. Haal ze eruit met een schuimspaan en laat ze uitlekken op keukenpapier.
g) Schik de croquetas op een schaal. Garneer met waterkers en citroen.

18. Oester- en tomatenbruschetta

INGREDIËNTEN:
- 1 Frans stokbrood, in plakjes gesneden en geroosterd
- 2 kopjes kerstomaatjes, gehalveerd
- 16 verse oesters, gepocheerd of gegrild
- Balsamicoglazuur om te besprenkelen
- Verse basilicumblaadjes ter garnering

INSTRUCTIES:
a) Meng in een kom de kerstomaatjes met zout en peper.
b) Leg op elk sneetje geroosterd stokbrood de gepocheerde of gegrilde oesters.
c) Schep de gekruide tomaten over de oesters.
d) Besprenkel met balsamicoglazuur en garneer met verse basilicumblaadjes.
e) Serveer als een heerlijke bruschetta.

19.Sushibroodjes met oesters

INGREDIËNTEN:
- 4 vellen nori (zeewier)
- 2 kopjes sushirijst, gekookt en gekruid
- 16 verse oesters, in plakjes gesneden
- 1 komkommer, in julienne gesneden
- Sojasaus om te dippen
- Ingelegde gember om te serveren

INSTRUCTIES:
a) Leg een vel nori op een bamboe sushirolmatje.
b) Verdeel een dun laagje sushirijst over de nori.
c) Schik plakjes verse oesters en julienne komkommer op de rijst.
d) Rol de sushi strak op en snijd hem in hapklare stukken.
e) Serveer met sojasaus en ingelegde gember.

20. Crostini met oesters en blauwe kaas

INGREDIËNTEN:
- Stokbroodplakken, geroosterd
- 16 verse oesters, licht gepocheerd of gegrild
- 1/2 kop blauwe kaas, verkruimeld
- Honing om te besprenkelen
- Gehakte walnoten ter garnering

INSTRUCTIES:
a) Leg licht gepocheerde of gegrilde oesters op geroosterde sneetjes stokbrood.
b) Strooi verkruimelde blauwe kaas over de oesters.
c) Besprenkel met honing.
d) Garneer met gehakte walnoten.
e) Serveer als elegante ontbijtcrostini.

21. Cajun gebakken garnalen en oesters

INGREDIËNTEN:
- 1 pond verse gepelde oesters
- 1 pond jumbo rauwe garnalen, gepeld en ontdaan van de darmen
- 2 eieren, apart losgeklopt
- ¾ kopje bloem voor alle doeleinden
- ½ kopje gele maïsmeel
- 2 theelepels Cajunkruiden
- ½ theelepel citroenpeper

2 kopjes plantaardige olie, om te frituren

INSTRUCTIES:
a) Doe de oesters in een middelgrote kom en plaats de garnalen in een aparte kom.
b) Sprenkel de eieren over de garnalen en oesters (1 ei per kom) en zorg ervoor dat alles mooi bedekt is. Zet de kommen aan de kant.
c) Voeg in een grote diepvrieszak met ritssluiting de bloem, maïsmeel, Cajun-kruiden en citroenpeper toe. Schud de zak om ervoor te zorgen dat alles goed gemengd is.
d) Voeg de garnalen toe aan de zak en schud zodat deze bedekt is. Verwijder vervolgens de garnalen en plaats ze op een bakplaat. Voeg nu de oesters toe aan de zak en herhaal het proces.
e) Verhit de plantaardige olie in een frituurpan of frituurpan tot ongeveer 350 tot 360 graden F. Bak de garnalen tot ze goudbruin zijn, ongeveer 3 tot 4 minuten. Bak vervolgens de oesters goudbruin, ongeveer 5 minuten.
f) Leg de zeevruchten op een met keukenpapier bekleed bord om een deel van de overtollige olie te helpen absorberen. Serveer met je favoriete dipsaus.

22. Gebakken Oesters

INGREDIËNTEN:
- 1 pint gepelde oesters, uitgelekt
- 1/2 kopje bloem voor alle doeleinden
- 1/2 theelepel zout
- 1/4 theelepel zwarte peper
- 1/4 theelepel cayennepeper
- 2 eieren, losgeklopt
- 1 kopje broodkruimels
- Plantaardige olie, om te frituren

INSTRUCTIES:
a) Meng in een ondiepe schaal de bloem, het zout, de zwarte peper en de cayennepeper.
b) Klop in een andere ondiepe schaal de eieren los.
c) Doe de broodkruimels in een derde ondiepe schaal.
d) Dompel elke oester eerst in het bloemmengsel, vervolgens in de losgeklopte eieren en ten slotte in de broodkruimels, waarbij u het overtollige mengsel afschudt.
e) Verhit de plantaardige olie in een grote koekenpan op middelhoog vuur.
f) Bak de oesters in porties, ongeveer 2-3 minuten per kant, of tot ze goudbruin en knapperig zijn.
g) Laat de gebakken oesters uitlekken op een met keukenpapier beklede plaat.
h) Serveer warm met partjes citroen en tartaarsaus.

23. Ceviche van oesters en habanero

INGREDIËNTEN:
- 8 Gepelde verse oesters
- 1 eetlepel Gehakte koriander
- 1 eetlepel Fijn gesneden tomaat
- ¼ theelepel Habaneropuree
- ½ sinaasappel; oppermachtig
- ¼ kopje Vers geperst sinaasappelsap
- 1 eetlepel Vers geperst citroensap
- Zout en peper

INSTRUCTIES:
a) Combineer alle ingrediënten in een kom.
b) Breng op smaak met zout en peper.
c) Serveer in oesterschelphelften.

24. Spek-oesterhapjes

INGREDIËNTEN:
- 8 plakjes Spek
- ½ kopje Gekruide gekruide vulling
- 1 kan (5 oz) oesters; gehakt
- ¼ kopje Water

INSTRUCTIES:
a) Verwarm de oven voor op 350ø. Snijd de plakjes spek doormidden en bak ze lichtjes. NIET TE KOKEN.
b) Bacon moet zacht genoeg zijn om gemakkelijk rond ballen te rollen. Combineer vulling, oesters en water.
c) Rol er hapklare balletjes van, ongeveer 16.
d) Wikkel balletjes in spek. Bak op 350ø gedurende 25 minuten. Serveer warm.

25.Oesters en kaviaar

INGREDIËNTEN:
- 2 pond zeewier
- 18 Oesters, in de halve schelp
- 2 lente-uitjes
- 2 ons zwarte kaviaar
- 2 Citroenen

INSTRUCTIES:

a) Verspreid zeewier in een platte mand. Schik de gekoelde oesters in hun schelp, op het zeewier. Snijd de lente-uitjes in ringen.

b) Strooi op elke oester 2 of 3 stukjes. Bestrijk elk gerecht met een beetje kaviaar. Serveer zeer koud, vergezeld van verse, dun gesneden partjes citroen. Geef goed gekoelde champagne door.

26.Oesterloempia's

INGREDIËNTEN:
- 3 grote loempiaverpakkingen
- 6 waterkastanjes, fijngehakt
- 1 schijfje gember, fijngehakt
- 3 lente-uitjes, fijngehakt (inclusief groene toppen)
- Een paar druppels sesamolie
- 1 theelepel lichte sojasaus
- 24 oesters, uit hun schelp geglipt
- Plantaardige olie

INSTRUCTIES:
a) Snij elk loempiavelletje in vieren.
b) Meng in een mengkom de fijngehakte waterkastanjes, gember en lente-uitjes. Voeg een paar druppels sesamolie en de lichte sojasaus toe. Goed mengen.
c) Spatel de oesters er voorzichtig door en zorg ervoor dat ze goed bedekt zijn met de kruiden.
d) Verdeel het oestermengsel gelijkmatig over de loempiavierkantjes.
e) Rol elke loempia voorzichtig op en vouw de zijkanten naar binnen om de vulling te omsluiten. Bestrijk de randen van de wikkels met water om ze dicht te maken.
f) Verhit in een diepe pan of pot voldoende plantaardige olie om te frituren.
g) Bak de loempia's 2-3 minuten in de hete olie, of tot ze goudbruin en krokant zijn.
h) Haal de loempia's uit de olie en laat ze uitlekken op verfrommeld keukenpapier om overtollige olie te verwijderen.
i) Serveer de oesterloempia's direct.
j) Geniet van je heerlijke oesterloempia's!

27.Tempura gebakken oesters

INGREDIËNTEN:
- 12 verse oesters
- Plantaardige olie, om te frituren
- 1 kopje bloem voor alle doeleinden
- ½ kopje maizena
- ½ theelepel zout
- 1 kopje ijskoud water
- Sojasaus of tartaarsaus, om erbij te serveren
- Optionele toppings: sesamzaadjes, groene uien of partjes citroen

INSTRUCTIES:

a) Begin met het pellen van de oesters en haal ze uit hun schelpen. Zorg ervoor dat u alle oesters weggooit die zijn geopend of er niet vers uitzien.

b) Spoel de gepelde oesters af onder koud water en dep ze droog met keukenpapier. Zet ze opzij.

c) Verhit plantaardige olie in een frituurpan of grote pan tot ongeveer 175°C.

d) Meng het bloem voor alle doeleinden, het maizena en het zout in een mengkom. Voeg geleidelijk het ijskoude water toe, terwijl u zachtjes roert, totdat u een gladde consistentie van het beslag verkrijgt. Zorg ervoor dat u niet te veel mixt; het is oké als er een paar klontjes zijn.

e) Dompel elke oester in het beslag en zorg ervoor dat het gelijkmatig bedekt is. Laat het overtollige beslag eraf druipen voordat je de oester voorzichtig in de hete olie legt.

f) Bak de oesters in batches en zorg ervoor dat de friteuse of pan niet te vol raakt. Kook ze ongeveer 2-3 minuten of tot het tempurabeslag goudbruin en knapperig wordt.

g) Zodra de oesters gaar zijn, haalt u ze met een schuimspaan of tang uit de olie en legt u ze op een bord bekleed met keukenpapier. Dit zal helpen overtollige olie te absorberen.

h) Herhaal het proces met de resterende oesters totdat ze allemaal gaar zijn.

i) Serveer de in tempura gebakken oesters warm als voor- of hoofdgerecht.

j) Je kunt er zo van genieten of serveren met sojasaus of tartaarsaus om te dippen.

k) Strooi sesamzaadjes of groene uien erover voor extra smaak en garnering. Citroenpartjes kunnen ook apart worden geserveerd voor een citrusachtige kick.

28.Klassieke Rockefeller-oesters

INGREDIËNTEN:

- 24 verse oesters, gepeld
- 1/2 kopje boter
- 1/2 kopje broodkruimels
- 1/2 kopje geraspte Parmezaanse kaas
- 1/4 kop gehakte peterselie
- 2 teentjes knoflook, fijngehakt
- 1 eetlepel citroensap
- Zout en peper naar smaak

INSTRUCTIES:

a) Verwarm de oven voor op 230°C.
b) Smelt de boter in een koekenpan en bak de knoflook tot deze geurig is.
c) Voeg paneermeel, Parmezaanse kaas, peterselie, citroensap, zout en peper toe aan de koekenpan. Goed mengen.
d) Plaats de gepelde oesters op een bakplaat.
e) Bestrijk elke oester met het broodkruimmengsel.
f) Bak gedurende 10-12 minuten of tot de topping goudbruin is.
g) Heet opdienen.

29. Oesterschutters

INGREDIËNTEN:
- 12 verse oesters, gepeld
- 1 kopje tomatensap
- 1/4 kop wodka
- 1 eetlepel hete saus
- 1 eetlepel mierikswortel
- Citroenpartjes ter garnering

INSTRUCTIES:
a) Meng tomatensap, wodka, hete saus en mierikswortel in een kom.
b) Plaats een gepelde oester in een borrelglas.
c) Giet het tomatensapmengsel over de oester.
d) Garneer met een schijfje citroen.
e) Koel Serveren.

30. Oester- en spekverpakte voorgerechten

INGREDIËNTEN:
- 16 verse oesters, gepeld
- 8 plakjes spek, gehalveerd
- Tandenstokers

INSTRUCTIES:
a) Verwarm de oven voor op 200 °C.
b) Wikkel elke gepelde oester in een half plakje spek en zet vast met een tandenstoker.
c) Leg de in spek gewikkelde oesters op een bakplaat.
d) Bak gedurende 12-15 minuten of tot het spek knapperig is.
e) Serveer warm als heerlijke in spek gewikkelde oesterhapjes.

31. Pittige oesterdip

INGREDIËNTEN:
- 1 kopje mayonaise
- 1/4 kop hete saus
- 1 eetlepel citroensap
- 1 theelepel Worcestershiresaus
- 16 verse oesters, gepeld en gehakt
- 1/4 kopje groene uien, gehakt
- Tortillachips of crackers om erbij te serveren

INSTRUCTIES:
a) Klop in een kom mayonaise, hete saus, citroensap en Worcestershiresaus door elkaar.
b) Roer de gehakte oesters en groene uien erdoor.
c) Zet het minimaal 30 minuten in de koelkast, zodat de smaken zich kunnen vermengen.
d) Serveer de pittige oesterdip met tortillachips of crackers.

32. Canapés van oesters en komkommers

INGREDIËNTEN:
- 16 verse oesters, gepeld
- 1 komkommer, in dunne plakjes gesneden
- Roomkaas
- Dilletakjes ter garnering
- Citroenschil

INSTRUCTIES:
a) Verdeel roomkaas op elk schijfje komkommer.
b) Leg een gepelde oester op de roomkaas.
c) Garneer met takjes dille en een scheutje citroenschil.
d) Serveer als verfrissende canapés.

33.Oester- en mangosalsa tostadas

INGREDIËNTEN:
- 16 verse oesters, gepeld
- 8 kleine tostadaschelpjes
- 1 kop mango, in blokjes gesneden
- 1/2 kop rode ui, fijngehakt
- 1/4 kop koriander, gehakt
- Limoenpartjes ter garnering

INSTRUCTIES:
a) Plaats de gepelde oesters op elke tostada-schelp.
b) Meng in een kom de in blokjes gesneden mango, rode ui en koriander.
c) Schep de mangosalsa over de oesters.
d) Garneer met partjes limoen.
e) Serveer als levendige tostada-hapjes.

34. Crostini met oesters en pesto

INGREDIËNTEN:
- Stokbroodplakken, geroosterd
- 16 verse oesters, gepeld
- Pesto saus
- Cherrytomaatjes, gehalveerd
- Balsamicoglazuur om te besprenkelen

INSTRUCTIES:
a) Verdeel op elk sneetje geroosterd stokbrood een laagje pestosaus.
b) Leg een gepelde oester op de pesto.
c) Garneer met gehalveerde kerstomaatjes.
d) Besprenkel met balsamicoglazuur.
e) Serveer als smaakvolle pesto crostini.

35.Jalapeño-poppers met oesters en spek

INGREDIËNTEN:

- 16 verse oesters, gepeld
- 8 jalapeñopepers, gehalveerd en zonder zaadjes
- Roomkaas
- 8 plakjes spek, gehalveerd
- Tandenstokers

INSTRUCTIES:

a) Verwarm de oven voor op 190°C.
b) Verdeel roomkaas in elke jalapeñohelft.
c) Leg een gepelde oester op de roomkaas.
d) Omwikkel elke jalapeño met een half plakje spek en zet vast met een tandenstoker.
e) Bak gedurende 20-25 minuten of tot het spek knapperig is.
f) Serveer warm als pittige oester-jalapeño-poppers.

36. Guacamole van oesters en mango

INGREDIËNTEN:
- 16 verse oesters, gepeld en in blokjes gesneden
- 2 rijpe avocado's, gepureerd
- 1 mango, in blokjes gesneden
- 1/4 kopje rode ui, fijngehakt
- 1/4 kop koriander, gehakt
- Limoensap
- Tortillachips om erbij te serveren

INSTRUCTIES:
a) Meng in een kom de in blokjes gesneden oesters, gepureerde avocado's, in blokjes gesneden mango, rode ui en koriander.
b) Knijp het limoensap over het mengsel en roer goed.
c) Serveer de oester- en mangoguacamole met tortillachips.

37.Met oesters en geitenkaas gevulde champignons

INGREDIËNTEN:

- 16 verse oesters, gepeld
- 16 grote champignons, schoongemaakt en stengels verwijderd
- 4 ons geitenkaas
- 2 eetlepels paneermeel
- Verse tijmblaadjes ter garnering
- Olijfolie om te besprenkelen

INSTRUCTIES:

a) Verwarm de oven voor op 190°C.
b) Meng de geitenkaas en het paneermeel in een kom.
c) Vul elke champignon met het geitenkaasmengsel.
d) Leg op elke gevulde champignon een gepelde oester.
e) Besprenkel met olijfolie.
f) Bak gedurende 15-20 minuten of tot de champignons gaar zijn.
g) Garneer met verse tijmblaadjes.
h) Serveer warm.

38.Oester- en ananasspiesjes

INGREDIËNTEN:
- 16 verse oesters, gepeld
- 1 kopje ananasstukjes
- 1 rode paprika, in vierkantjes gesneden
- Houten spiesjes, geweekt in water
- Teriyaki-glazuur om te besprenkelen

INSTRUCTIES:
a) Rijg aan elke spies een stuk ananas, een vierkant rode paprika en een gepelde oester.
b) Herhaal dit voor alle spiesjes.
c) Grill of rooster de spiesjes tot de oesters gaar zijn.
d) Besprenkel met teriyakiglazuur.
e) Serveer als smaakvolle oester- en ananasspiesjes.

39. Oester- en prosciuttobroodjes

INGREDIËNTEN:
- 16 verse oesters, gepeld
- 8 plakjes prosciutto, in de lengte gehalveerd
- Verse basilicumblaadjes
- Tandenstokers

INSTRUCTIES:
a) Verwarm de oven voor op 200 °C.
b) Wikkel elke gepelde oester in met een blaadje basilicum en vervolgens met een half plakje prosciutto.
c) Zet vast met tandenstokers.
d) Leg de broodjes op een bakplaat.
e) Bak gedurende 10-12 minuten of tot de prosciutto knapperig is.
f) Serveer warm als elegante oester- en prosciuttobroodjes.

40. Ceviche van oesters en mango

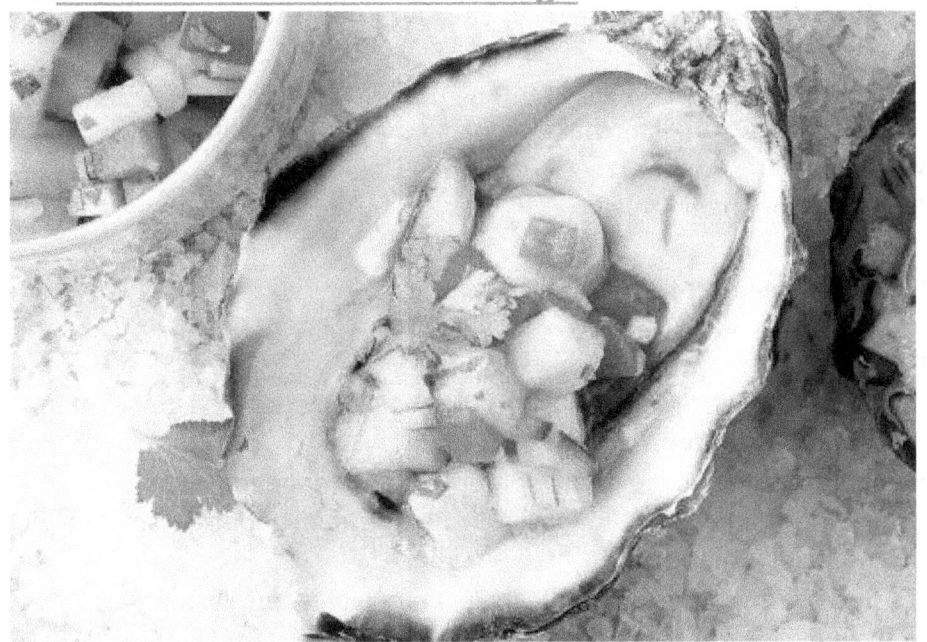

INGREDIËNTEN:

- 16 verse oesters, gepeld en in blokjes gesneden
- 1 mango, in blokjes gesneden
- 1 komkommer, in blokjes gesneden
- 1/4 kop rode ui, fijngehakt
- 1 jalapeño, fijngehakt
- Verse koriander, gehakt
- Limoensap
- Tortillachips om erbij te serveren

INSTRUCTIES:

a) Meng in een kom de in blokjes gesneden oesters, mango, komkommer, rode ui, jalapeño en koriander.
b) Knijp het limoensap over het mengsel en roer goed.
c) Zet het minimaal 30 minuten in de koelkast, zodat de smaken zich kunnen vermengen.
d) Serveer de ceviche van oesters en mango met tortillachips.

41.Oester- en knoflookboter-escargotstijl

INGREDIËNTEN:
- 16 verse oesters, gepeld
- 1/2 kopje ongezouten boter, verzacht
- 4 teentjes knoflook, fijngehakt
- 2 eetlepels verse peterselie, gehakt
- Stokbroodplakken, geroosterd

INSTRUCTIES:
a) Verwarm de oven voor op 220°C.
b) Meng in een kom de zachte boter, de gehakte knoflook en de gehakte peterselie.
c) Schep op elke gepelde oester een kleine lepel van het knoflookbotermengsel.
d) Bak gedurende 10-12 minuten of tot de boter gesmolten en bruisend is.
e) Serveer met geroosterde sneetjes stokbrood.

42. Oesters op Spaanse wijze

INGREDIËNTEN:
- 6 verse oesters
- 1/2 chorizoworst, fijngehakt
- 1 gegrilde paprika (paprika), fijngehakt
- 1 eetl sherryazijn
- Steenzout (voor serveren)
- Limoenpartjes (voor serveren)

INSTRUCTIES:
a) Kook de chorizo in een pan tot hij knapperig is en leg hem dan op een bord bekleed met keukenpapier.
b) Meng chorizo, paprika en sherry in een kom.
c) Breng het mengsel op smaak en schep er 6 oesters over op een bedje van steenzout.
d) Serveer met partjes limoen.

43. Ponzu-oesters

INGREDIËNTEN:
- 6 verse oesters
- 1 eetl sojasaus
- 1 el mirinkruiden
- 2 theelepels citroensap
- 2 theelepels sinaasappelsap
- Lente-ui krullen, sinaasappelschil, geroosterde sesamzaadjes (ter garnering)
- Steenzout (voor serveren)

INSTRUCTIES:
a) Combineer sojasaus, mirin, citroensap en sinaasappelsap in een kom.
b) Verdeel het mengsel over 6 oesters op een bedje van steenzout.
c) Garneer met lente-uikrullen, sinaasappelschil en geroosterde sesamzaadjes.

44. Mignonette-oesters

INGREDIËNTEN:
- 6 verse oesters
- 2 sjalotjes, fijngehakt
- 2 eetlepels witte wijnazijn
- 2 eetlepels rode wijnazijn
- 1/2 theelepel kristalsuiker
- 1/2 theelepel zout
- Steenzout (voor serveren)

INSTRUCTIES:
a) Meng de sjalotjes, witte wijnazijn, rode wijnazijn, suiker en zout in een kom.
b) Laat het 15 minuten weken en schep er dan 6 oesters over op een bedje van steenzout.

45. Komkommer & Lychee Granita Oesters

INGREDIËNTEN:
- 6 verse oesters
- 1/2 kop ontpitte lychees op siroop
- 1 Libanese komkommer, gehakt
- 1/4 kopje limoensap
- Steenzout (voor serveren)

INSTRUCTIES:
a) Meng de lychees, komkommer en limoensap tot een gladde massa.
b) Zet het mengsel 2 uur in de vriezer, schraap het vervolgens los en roer het met een vork tot het fijn is.
c) Schep er 6 oesters op een bedje van steenzout.

46.Salsa Verde Oesters

INGREDIËNTEN:
- 6 verse oesters
- 1/2 teentje knoflook, geperst
- 2 theelepels dille, fijngehakt
- 2 theelepel munt, fijngehakt
- 2 theelepels babykappertjes, fijngehakt
- 2 theelepels bieslook, fijngehakt
- 1 1/2 eetl citroensap
- 2 theelepel olijfolie
- Steenzout (voor serveren)

INSTRUCTIES:
a) Combineer knoflook, dille, munt, kappertjes, bieslook, citroensap en olijfolie in een kom.
b) Schep er 6 oesters op een bedje van steenzout.

47. Kilpatrick-oesters

INGREDIËNTEN:
- 6 verse oesters
- 2 buikspekreepjes, fijngehakt
- 2 eetlepels Worcestershiresaus
- 1/4 theelepel Tabasco-saus
- Steenzout (voor serveren)

INSTRUCTIES:
a) Kook het spek knapperig en meng het met Worcestershiresaus en Tabasco.
b) Schep er 6 oesters op een bedje van steenzout.

48. Gin & Tonic-oesters

INGREDIËNTEN:
- 6 verse oesters
- 2 eetlepels jenever
- 2 eetlepels tonicwater
- 1/2 Libanese komkommer, zonder zaadjes, fijngehakt
- Steenzout (voor serveren)

INSTRUCTIES:
a) Combineer gin, tonic en komkommer in een kom.
b) Schep er 6 oesters op een bedje van steenzout.

49. Appelcider Oesters

INGREDIËNTEN:
- 6 verse oesters
- 1/2 Granny Smith-appel, in luciferstokjes gesneden
- 1 eetl appelciderazijn
- 1 theelepel honing
- 1/2 theelepel zout
- Steenzout (voor serveren)

INSTRUCTIES:
a) Meng appel, appelciderazijn, honing en zout in een kom.
b) Schep er 6 oesters op een bedje van steenzout.

NET

50.Oesternoedels

INGREDIËNTEN:
- 8 ons mee sua (dunne tarwevermicelli-noedels)
- 2 kopjes kippen- of groentebouillon
- 1 kopje oesters, gepeld en uitgelekt
- ¼ kopje gesneden varkensvlees of kip
- 2 teentjes knoflook, fijngehakt
- 1 eetlepel sojasaus
- 1 eetlepel oestersaus
- 1 eetlepel sesamolie
- Gehakte groene uien (voor garnering)

INSTRUCTIES:
a) Kook de mee sua noedels volgens de instructies op de verpakking. Giet af en zet opzij.
b) Verwarm de kippen- of groentebouillon in een pan tot het kookt.
c) Verhit wat olie in een aparte pan en fruit de gehakte knoflook tot het geurig is.
d) Voeg het gesneden varkensvlees of de kip toe aan de pan en kook tot het gaar is.
e) Voeg de oesters toe aan de pan en kook kort tot ze beginnen te krullen.
f) Roer de sojasaus, oestersaus en sesamolie erdoor.
g) Verdeel de gekookte mee sua-noedels over serveerschalen.
h) Schep de hete bouillon over de noedels.
i) Bestrijk de noedels met het oester- en vleesmengsel.
j) Garneer met gehakte groene uien.
k) Serveer de Ô-Á Mī-Sòa warm als een smaakvol gerecht met oesternoedels.

51.Oesterschotel

INGREDIËNTEN:
- 1 liter gepelde oesters
- 2 kopjes gehakte ui
- 1 ½ kopje gehakte selderij
- ¾ kopje ongezouten boter
- ½ kopje bloem voor alle doeleinden
- 2 kopjes halve en halve room
- 2 theelepels gehakte verse peterselie
- 1 theelepel zout
- ½ theelepel gedroogde tijm
- ¼ theelepel zwarte peper
- ⅛ theelepel cayennepeper
- 4 losgeklopte eidooiers
- 2 kopjes gemalen Ritz-crackers

INSTRUCTIES:

a) Giet de oesters af, maar bewaar de drank van de oesters in een kleine kom. Voeg in een grote pan op middelhoog vuur de uien, selderij en ½ kopje boter toe. Bak gedurende 6 minuten of tot de groenten gaar zijn.

b) Voeg de bloem voor alle doeleinden toe aan de pan. Roer voortdurend en kook gedurende 1 minuut. Voeg onder voortdurend roeren langzaam de halve en halve room toe. Blijf roeren en kook ongeveer 2 minuten of tot de saus dikker wordt en borrelt.

c) Zet het vuur laag. Voeg de peterselie, het zout, de tijm, de zwarte peper, de cayennepeper en het gereserveerde oestervocht toe. Roer voortdurend en kook gedurende 2 minuten. Voeg de losgeklopte eidooiers toe aan een kleine kom. Voeg 1 eetlepel saus toe aan de eieren. Klop tot gecombineerd. Voeg nog een eetlepel saus toe aan de dooiers.

d) Klop tot gecombineerd. Voeg de eidooiers toe aan de pan en roer tot alles gemengd is. Haal de pan van het vuur.

e) Spuit een bakvorm van 9 x 13 cm in met antiaanbakspray. Verwarm de oven voor op 400°. Verdeel de helft van de saus in de bakvorm.

f) Verdeel de helft van de oesters over de saus. Strooi de helft van de Ritz-crackers erover. Herhaal de laagjesstappen nog 1 keer.

g) Voeg in een magnetronbestendige kom ¼ kopje boter toe. Magnetron gedurende 30 seconden of tot de boter smelt. Haal het uit de magnetron en besprenkel de boter over de crackerkruimels. Bak gedurende 25 minuten of tot de braadpan bruisend en goudbruin is.

h) Haal uit de oven en laat de braadpan 10 minuten rusten voordat je hem serveert.

52.Jambalaya met oesters en worst

INGREDIËNTEN:
- 16 verse oesters, gepeld
- 1 kopje andouille-worst, in plakjes gesneden
- 1 ui, in blokjes gesneden
- 1 paprika, in blokjes gesneden
- 2 stengels bleekselderij, in blokjes gesneden
- 2 kopjes langkorrelige witte rijst
- 4 kopjes kippenbouillon
- 1 blikje (14 ons) tomatenblokjes
- 2 theelepels Cajunkruiden
- Groene uien voor garnering

INSTRUCTIES:
a) In een grote pot, bruine gesneden andouille-worst.
b) Voeg de in blokjes gesneden ui, paprika en selderij toe en bak tot de groenten zacht zijn.
c) Roer de langkorrelige witte rijst, de in blokjes gesneden tomaten en de Cajun-kruiden erdoor.
d) Giet de kippenbouillon erbij en breng aan de kook.
e) Zet het vuur laag, dek af en laat sudderen tot de rijst gaar is.
f) Voeg de gepelde oesters toe en kook tot de randen krullen.
g) Garneer met gehakte groene uien.
h) Heet opdienen.

53.Oesterstoofpot

INGREDIËNTEN:
- 4 eetlepels (½ stokje) boter, in kleine stukjes gesneden
- Sap van ½ citroen (ongeveer 1½ eetlepel)
- 12 tot 24 oesters in de halve schelp
- 2 kopjes volle melk
- 1 kopje zware room
- 1 kop visbouillon
- 2 eetlepel paprikapoeder
- ½ theelepel cayennepeper

INSTRUCTIES:
a) Verwarm een grill voor.
b) Doe in elke oesterschelp een klontje boter en een scheutje citroen. Leg op de grill en sluit het deksel. Kook gedurende 5 tot 6 minuten, of tot de boter smelt. Zet het vuur uit en laat het deksel gesloten.
c) Breng ondertussen de melk, room, bouillon, paprika en cayennepeper, indien gebruikt, aan de kook in een pan van 4 liter op middelhoog vuur. Zet het vuur onmiddellijk laag en laat 10 minuten koken. Zorg ervoor dat de melk niet verbrandt.
d) Haal de oesters van de grill en voeg ze voorzichtig en hun sappen toe aan de pan. Roer gedurende 1 minuut, doe het in kommen en serveer warm.

54.Zalm Met Oesters En Zeewier

INGREDIËNTEN:
- 1 eetlepel gedroogd hijiki-zeewier
- 2 theelepel druivenpitolie
- 4 stukken zalm, met vel
- 1 zout, naar smaak
- 1 versgemalen witte peper, naar smaak
- 2 eetlepels boter
- ½ kopje prei in ringen gesneden
- 1 eetlepel bewaarde gember
- 1 eetlepel rijstazijn
- 3 eetlepels mirin
- ⅔ kopje visbouillon
- 28 oesters
- 1 eetlepel shiso

INSTRUCTIES:
a) Week het hijiki-zeewier gedurende 20 minuten in koud water. Giet af en zet opzij. Verhit de olie in een koekenpan.

b) Snijd het vel aan de bovenkant van de zalm open, zodat de zalm niet kromtrekt. Kruid de zalm met zout en witte peper. Als de pan gloeiend heet is, bak je de zalm gedurende 1½ minuut.

c) Draai om en blijf 35 seconden koken. Haal uit de pan. Smelt in dezelfde pan 1 eetlepel boter, voeg de prei toe en zet het vuur laag. Kook de prei 2 minuten.

d) Voeg de ingemaakte gember toe en blus af met rijstazijn. Voeg de mirin en de visbouillon toe, breng aan de kook en haal van het vuur. Roer het hijiki-zeewier en de oesters erdoor en laat de oesters doorwarmen.

e) Voeg de shiso toe, klop de resterende boter erdoor en breng op smaak met zout en witte peper.

f) Schep de oesters en prei gelijkmatig in een ondiepe kom. Leg de zalm erop en schep de bouillon erbij.

55.Stoofpotje van oestersoep

INGREDIËNTEN:

- 1 kleine ui in blokjes gesneden
- 1/8 kop gehakte knoflook
- 1/2 kop kleine in blokjes gesneden bleekselderij
- 1/2 kop kleine in blokjes gesneden venkel
- 1/2 kop witte wijn
- 32 ons mosselbouillon (ingeblikt of vers)
- 2 takjes tijm, gehakt
- 8 ons verdampte melk
- 16 middelgrote oesters gepeld en vloeistof gereserveerd
- 1/2 kop gehakte bieslook
- 1 kopje spek (optioneel)
- Zout peper
- 4 partjes citroen
- Oestercrackers (aanbevolen) of gegrild brood indien gewenst

INSTRUCTIES:

a) Als u spek gebruikt, zet het spek dan op middelhoog vuur en verwijder het nadat het knapperig is geworden. Voeg de groenten toe en laat ze zweten in spekvet (als je geen spek gebruikt, gebruik dan 2 eetlepels extra vergine olijfolie). Zorg ervoor dat je de groenten op smaak brengt met een beetje zout en peper. Kook ongeveer 5 minuten.

b) Zodra de uien glazig zijn, voeg je de witte wijn toe en laat je tot de helft inkoken.

c) Voeg gehakte tijm en mosselbouillon toe; Laat 30 minuten tot 1 uur sudderen, afhankelijk van de gewenste concentratie van de soepbasis. Voeg de oesterjus toe en pas de kruiden aan.

d) Oesters toevoegen en 1 minuut pocheren. Voeg spek en bieslook toe. Haal van het vuur en roer de verdampte melk erdoor.

e) Serveer met een schijfje citroen, oestercrackers erbij en/of gegrild brood

56. Eenvoudige gegrilde oesters

INGREDIËNTEN:
- 4 dozijn oesters, geschrobd
- Citroen partjes
- 1 C boter
- 1 theelepel gekruid zout
- 1 theelepel citroenpeper

INSTRUCTIES:
a) Verwarm de pelletgrill voor op 350F.
b) Smelt de boter met gekruid zout en citroenpeper en meng goed. Laat 10 minuten sudderen.
c) Plaats de oesters, ongepeld, op de pelletgrill.
d) Wanneer de schelpen openspringen (3-5 minuten), gebruik dan een oestermes om de oester los te maken van de bovenste schelp en plof hem terug in de beker met de hete oestervloeistof. Gooi het deksel weg.
e) Voeg een theelepel gekruide boter toe en serveer.

57.Knoflook Asiago-oesters

INGREDIËNTEN:
- 1 pond zoete roomboter
- 1 eetl. gehakte knoflook
- 2 dozijn verse oesters
- ½ kopje geraspte Asiago-kaas
- Stokbrood, opgewarmd
- ¼ kopje bieslook, in blokjes gesneden

INSTRUCTIES:
a) Start de pelletgrill en verwarm tot middelhoog.
b) Smelt boter op middelhoog vuur. Zet het vuur laag en roer de knoflook erdoor.
c) Kook 1 minuut en haal van het vuur.
d) Plaats de oesters met de kop naar beneden op de pelletgrill. Zodra de schelpen openspringen, haal je ze van de grill.
e) Oesters pellen en zoveel mogelijk oestervloeistof op zijn plaats houden.
f) Snijd de bindspieren door en plaats elke oester terug in de schelp.
g) Besprenkel elke oester met 2 theelepels botermengsel en bestrooi met 1 theelepel kaas. Grill op hoog vuur gedurende 3 minuten of tot de kaas bruin is. Bestrooi met bieslook.
h) Haal het van de pelletgrill en serveer onmiddellijk met brood en de resterende boter ernaast.

58.Wasabi-oesters

INGREDIËNTEN:
- 12 kleine Japanse oesters, rauw in de schaal
- 2 eetlepels. witte wijn azijn
- 8 oz witte wijn
- 1/4 C sjalotjes, fijngehakt
- 2 eetlepels. wasabi-mosterd
- 1 eetl. sojasaus
- 1 C ongezouten boter, in blokjes
- 1 C gehakte korianderblaadjes
- Zout en zwarte peper naar smaak

INSTRUCTIES:
a) Meng in een pan op middelhoog vuur de witte wijnazijn, wijn en sjalotjes. Laat sudderen tot de vloeistof iets is ingedikt. Voeg wasabimosterd en sojasaus toe en roer.
b) Op laag vuur geleidelijk de boter erdoor kloppen. Laat het mengsel niet koken. roer de koriander erdoor en haal van het vuur.
c) Kook de oesters tot de schelpen net opengaan . Haal de oesters uit de pelletgrill en snij de bindspier van de bovenste schaal,
d) Druk elke oester (in de schaal) in het grove zout om hem rechtop te houden, schep er vervolgens 1-2 theelepels wasabi-botersaus over en serveer onmiddellijk.

59.Risotto van oesters en paddenstoelen

INGREDIËNTEN:
- 2 kopjes Arboriorijst
- 16 verse oesters, gepeld
- 1 kopje champignons, in plakjes gesneden
- 1/2 kopje droge witte wijn
- 6 kopjes kippen- of groentebouillon, verwarmd
- 1/2 kop Parmezaanse kaas, geraspt
- 1/4 kopje verse bieslook, gehakt
- Olijfolie
- Zout en peper naar smaak

INSTRUCTIES:
a) In een grote koekenpan bak je de champignons in olijfolie tot ze gaar zijn.
b) Voeg Arborio-rijst toe en kook tot het licht geroosterd is.
c) Giet de witte wijn erbij en kook tot deze grotendeels is opgenomen.
d) Voeg geleidelijk de verwarmde bouillon toe, pollepel per keer, en roer regelmatig tot de rijst romig en gaar is.
e) Roer de laatste paar minuten van het koken de gepelde oesters erdoor.
f) Haal van het vuur en roer de Parmezaanse kaas, bieslook, zout en peper erdoor.

60. Gekruide gerookte oesters

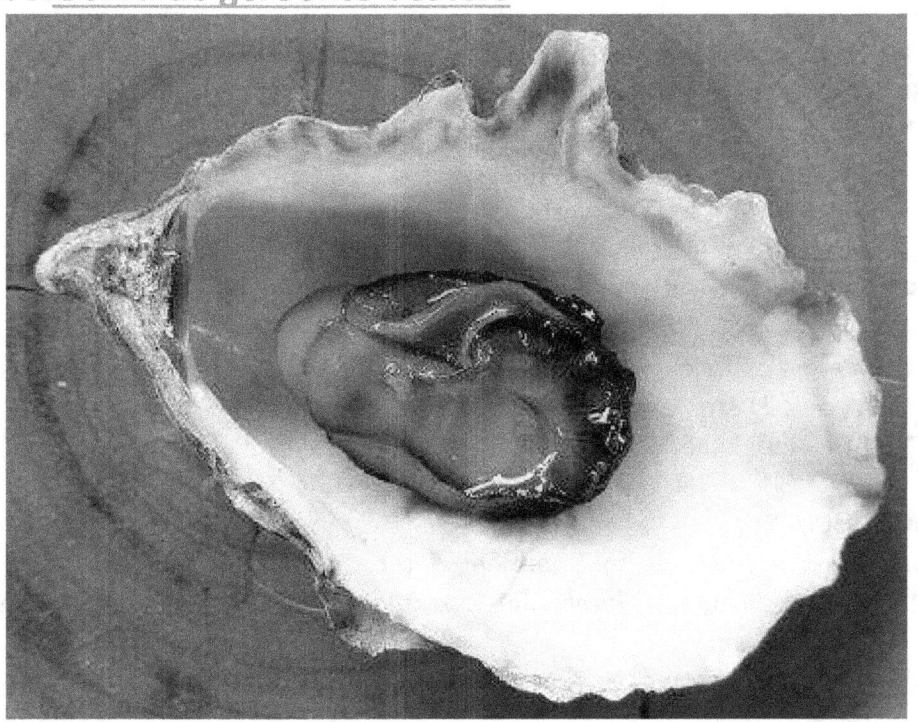

INGREDIËNTEN:

- ½ kopje sojasaus
- 2 eetlepels Worcestershiresaus
- 1 kopje stevig verpakte bruine suiker
- 2 gedroogde laurierblaadjes
- 2 teentjes knoflook, fijngehakt
- 2 theelepels zout en zwarte peper
- 1 eetlepel hete saus
- 1 eetlepel uienpoeder
- 2 dozijn rauwe, gepelde oesters
- ¼ kopje olijfolie
- ½ kopje (1 stokje) ongezouten boter
- 1 theelepel knoflookpoeder

INSTRUCTIES:

a) Meng in een grote container het water, de sojasaus, Worcestershire, zout, suiker, laurierblaadjes, knoflook, peper, hete saus en uienpoeder.

b) Dompel de rauwe oesters in de pekel en een nacht in de koelkast zetten.

c) Leg de oesters op een grillmat met antiaanbaklaag , besprenkel met de olijfolie en plaats de mat in de roker.

d) Rook de oesters 1½ tot 2 uur, tot ze stevig zijn. Serveer met de boter en knoflookpoeder.

61.Oesters met Saus Mignonette

INGREDIËNTEN:
- 12 oesters
- voor de saus mignonette
- 3 eetlepels witte wijnazijn van goede kwaliteit
- 1 theelepel zonnebloemolie
- ¼ theelepel grof gemalen witte peperkorrels
- 1 el zeer dun gesneden lente-ui topjes

INSTRUCTIES:
a) Om de oesters te openen, wikkelt u één hand in een theedoek en houdt u de oester daarin vast met de platte schelp naar boven. Duw de punt van een oestermes in het scharnier, dat zich op het smalste punt bevindt, en beweeg het mes heen en weer totdat het scharnier breekt en je het mes tussen de twee schelpen kunt schuiven.
b) Draai de punt van het mes naar boven om de bovenste schaal omhoog te tillen, snijd het ligament door en til de schaal eraf.
c) Maak het oestervlees los van de onderste schaal en verwijder eventuele kleine stukjes schelp.
d) Meng vlak voor het serveren de ingrediënten voor de saus door elkaar. Doe het oestervlees terug in de schelpen, schep er een beetje saus op en serveer.

62. Oesters met Champagne Sabayon

INGREDIËNTEN:
- 8 oesters
- voor de champagnesabayon
- 200 ml champagne
- snufje kristalsuiker
- 3 eierdooiers
- 75 g geklaarde boter, opgewarmd
- een beetje cayennepeper

INSTRUCTIES:

a) Verwarm de grill voor op de hoogste stand. Open de oesters en giet het sap eruit. Leg ze, nog steeds in de halve schaal, op een grote grillplaat, dek af met huishoudfolie en zet opzij.

b) Doe de champagne en de suiker in een kleine pan, breng aan de kook en kook snel tot 4 eetlepels. Giet het mengsel in een grote hittebestendige kom en laat afkoelen.

c) Voeg de eierdooiers toe, plaats de kom boven een pan met nauwelijks kokend water en klop krachtig tot het mengsel enorm in volume is toegenomen, dik, licht en schuimig is en een spoor achterlaat als het over het oppervlak wordt gemotregend.

d) Haal de kom van het vuur en klop heel langzaam de warme, geklaarde boter erdoor. Breng op smaak met een beetje zout.

e) Schep 1 eetlepel champagnesabayon over elke oester en bestrooi ze heel licht met een klein snufje cayennepeper. Zet de oesters ongeveer 30 seconden onder de grill tot ze lichtbruin zijn, verdeel de oesters over twee borden en serveer direct.

f) Om geklaarde boter te maken, doet u de boter in een kleine pan en laat u deze op een zeer laag vuur staan tot hij is gesmolten.

63. Gefrituurde oesters met chili-knoflookconfetti

INGREDIËNTEN:

- 1 (16 ounce) container kleine gepelde oesters
- ½ kopje rijstmeel
- ½ kopje bloem voor alle doeleinden, verdeeld
- ½ theelepel bakpoeder
- Kosjer zout
- Gemalen witte peper
- ¼ theelepel uienpoeder
- ¾ kopje bruisend water, gekoeld
- 1 theelepel sesamolie
- 3 kopjes plantaardige olie
- 3 grote teentjes knoflook, in dunne plakjes gesneden
- 1 kleine rode chilipeper, fijngesneden
- 1 kleine groene chilipeper, fijngesneden
- 1 lente-uitje, in dunne plakjes gesneden

INSTRUCTIES:

a) Roer in een mengkom het rijstmeel, ¼ kopje bloem, bakpoeder, een snufje zout en witte peper en uienpoeder door elkaar. Voeg het bruiswater en de sesamolie toe, meng tot een gladde massa en zet opzij.

b) Verhit de plantaardige olie in een wok op middelhoog vuur tot 375°F, of tot het borrelt en sist rond het uiteinde van een houten lepel.

c) Dep de oesters af met keukenpapier en bagger ze in de resterende ¼ kopje bloem voor alle doeleinden. Doop de oesters één voor één in het rijstmeelbeslag en laat ze voorzichtig in de hete olie zakken.

d) Bak de oesters gedurende 3 tot 4 minuten, of tot ze goudbruin zijn. Breng het over naar een draadafkoelrek dat over een bakplaat is geplaatst om uit te lekken. Bestrooi licht met zout.

e) Breng de olietemperatuur terug naar 375°F en bak de knoflook en pepers kort tot ze knapperig maar nog steeds helder gekleurd zijn, ongeveer 45 seconden. Haal het met een draadskimmer uit de olie en plaats het op een met keukenpapier beklede plaat.

f) Schik de oesters op een schaal en strooi de knoflook en chilipepers erover. Garneer met de gesneden lente-uitjes en serveer onmiddellijk.

64. Gegrilde oesters met knoflook-parmezaanse boter

INGREDIËNTEN:
- 24 oesters, gepeld, halve schelpen gereserveerd
- 1/2 kop ongezouten boter, verzacht
- 2 teentjes knoflook, fijngehakt
- 1/2 kop geraspte Parmezaanse kaas
- 1/4 kop gehakte verse peterselie
- Zout en peper naar smaak
- Citroenpartjes, om te serveren

INSTRUCTIES:
a) Verwarm de grill voor op hoog vuur.
b) Meng in een kleine kom de boter, knoflook, Parmezaanse kaas, peterselie, zout en peper tot alles goed gemengd is.
c) Leg de halve oesterschelpen op de grill.
d) Schep een kleine hoeveelheid Parmezaanse knoflookboter in elke schaal.
e) Plaats een oester op de boter in elke schelp.
f) Schep nog meer Parmezaanse knoflookboter op elke oester.
g) Grill de oesters ongeveer 5 minuten, of tot de boter is gesmolten en de oesters gaar zijn.
h) Serveer warm met partjes citroen.

65. Oester Po' Boy

INGREDIËNTEN:

- 1 pint verse oesters, gepeld
- 1 kopje bloem voor alle doeleinden
- 1 theelepel. knoflook poeder
- 1 theelepel. paprika
- 1/2 theelepel. Cayenne peper
- Zout en zwarte peper, naar smaak
- Plantaardige olie, om te frituren
- Franse broodjes
- Sla, gesneden tomaten en mayonaise, om te serveren

INSTRUCTIES:

a) Meng de bloem, knoflookpoeder, paprikapoeder, cayennepeper, zout en zwarte peper in een ondiepe schaal en roer om te combineren.

b) Verhit in een grote koekenpan ongeveer 2,5 cm plantaardige olie op middelhoog vuur. Haal de oesters door het bloemmengsel, schud het overtollige mengsel eraf en bak ze in porties goudbruin en krokant, ongeveer 2-3 minuten per portie. Laat de oesters uitlekken op keukenpapier.

c) Snijd de stokbroodjes in de lengte doormidden en bestrijk beide kanten met mayonaise. Voeg sla en gesneden tomaten toe en bedek met de gebakken oesters. Heet opdienen.

66. Virginiaham en oesters

INGREDIËNTEN:
- 1 pond Virginiaham, in blokjes
- 2 kopjes gepelde oesters en hun vloeistof
- 1/2 kopje boter
- 1/2 kopje bloem
- 2 kopjes melk
- 1/2 theelepel zout
- 1/4 theelepel zwarte peper
- Smelt de boter in een grote pan op middelhoog vuur.

INSTRUCTIES:
a) Klop de bloem erdoor en kook 1-2 minuten, of tot het mengsel goudbruin is.
b) Voeg geleidelijk de melk en de oestervloeistof toe, onder voortdurend roeren.
c) Voeg de ham en oesters toe en kook 10-12 minuten, of tot de oesters gaar zijn.
d) Breng op smaak met zout en zwarte peper.
e) Heet opdienen.

67.Oesters en scheermessen

INGREDIËNTEN:
- 2 Dozijn oesters
- 2 dozijn scheermessen
- 2 eetlepels verse jalapenopeper
- ½ kopje Rode wijnazijn
- 2 eetlepels suiker
- 1 theelepel zout
- 2 eetlepels Rode ui; fijn gesneden
- 6 muntblaadjes; chiffonade

INSTRUCTIES:
a) Verwarm de grill of barbecue voor.
b) Boen de oesters en scheermessen schoon, maak ze schoon en laat ze uitlekken
c) Doe de gehakte paprika, azijn, suiker, zout, ui en munt in een kleine mengkom en roer door elkaar.
d) Plaats de schaaldieren op de grill en kook tot de schelpen opengaan.
e) Verwijder en plaats op een schaal bedekt met steenzout.
f) Schep de dipsaus in het midden en serveer met cocktailvorkjes.

68.Gevulde kipfilet met oesters en spinazie

INGREDIËNTEN:
- 4 kipfilets zonder bot en zonder vel
- 16 verse oesters, gepeld
- 1 kopje verse spinazie, gehakt
- 1/2 kop fetakaas, verkruimeld
- 2 eetlepels olijfolie
- Zout en peper naar smaak
- Citroenpartjes voor erbij

INSTRUCTIES:

a) Verwarm de oven voor op 190°C.
b) Meng de gehakte spinazie en verkruimelde feta in een kom.
c) Snijd in elke kipfilet een zak.
d) Vul elke zak met het mengsel van spinazie en feta en de gepelde oesters.
e) Kruid de kipfilets met zout en peper.
f) Verhit olijfolie in een ovenbestendige koekenpan en braad de kip aan beide kanten.
g) Zet de koekenpan in de oven en bak 20-25 minuten of tot de kip gaar is.
h) Serveer met partjes citroen.

69. Pasta met oesters en garnalen

INGREDIËNTEN:

- 1 pond linguine of spaghetti
- 16 verse oesters, gepeld
- 1 pond grote garnalen, gepeld en ontdaan van darmen
- 4 teentjes knoflook, fijngehakt
- 1/2 kopje witte wijn
- 1 kop kerstomaatjes, gehalveerd
- 1/4 kop verse peterselie, gehakt
- Olijfolie
- Zout en peper naar smaak
- Geraspte Parmezaanse kaas voor erbij

INSTRUCTIES:

a) Kook pasta volgens de instructies op de verpakking.
b) Fruit in een koekenpan de knoflook in olijfolie tot het geurig is.
c) Voeg garnalen en gepelde oesters toe, kook tot de garnalen roze zijn.
d) Giet de witte wijn erbij en laat een paar minuten sudderen.
e) Voeg de kerstomaatjes en verse peterselie toe.
f) Breng op smaak met zout en peper.
g) Meng het zeevruchtenmengsel met gekookte pasta.
h) Serveer met geraspte Parmezaanse kaas.

70. Gegrilde oestertaco's

INGREDIËNTEN:
- 16 verse oesters, gepeld
- 8 kleine bloemtortilla's
- 1 kop rode kool, versnipperd
- 1 avocado, in plakjes gesneden
- Limoenpartjes voor erbij
- Chipotle mayo of je favoriete saus

INSTRUCTIES:
a) Verwarm de grill voor.
b) Grill de gepelde oesters 2-3 minuten aan elke kant.
c) Warme tortilla's op de grill.
d) Stel taco's samen met gegrilde oesters, geraspte rode kool en gesneden avocado.
e) Besprenkel met chipotle-mayo of je favoriete saus.
f) Serveer met partjes limoen.

71. Oester en Bacon Carbonara

INGREDIËNTEN:
- 1 pond spaghetti
- 16 verse oesters, gepeld
- 8 plakjes spek, gehakt
- 4 teentjes knoflook, fijngehakt
- 3 grote eieren
- 1 kopje geraspte Pecorino Romano-kaas
- Zout en zwarte peper naar smaak
- Verse peterselie ter garnering

INSTRUCTIES:
a) Kook de spaghetti volgens de instructies op de verpakking.
b) Kook het gehakte spek in een koekenpan tot het knapperig is.
c) Voeg gehakte knoflook toe en bak een minuutje.
d) Klop de eieren, Pecorino Romano-kaas, zout en zwarte peper in een kom.
e) Giet de gekookte spaghetti af en voeg deze toe aan de koekenpan met spek en knoflook.
f) Giet het mengsel van eieren en kaas over de pasta en roer snel om te combineren.
g) Voeg de gepelde oesters toe en roer tot ze warm zijn.
h) Garneer met verse peterselie.
i) Serveer onmiddellijk.

72.Roerbak oester en teriyaki

INGREDIËNTEN:
- 16 verse oesters, gepeld
- 2 kopjes broccoliroosjes
- 1 rode paprika, in plakjes gesneden
- 1 wortel, julienne gesneden
- 1 kopje erwten
- 1/2 kop teriyakisaus
- 2 eetlepels plantaardige olie
- 2 kopjes gekookte jasmijnrijst
- Sesamzaadjes ter garnering
- Groene uien, in plakjes gesneden, voor garnering

INSTRUCTIES:
a) Verhit plantaardige olie in een wok of grote koekenpan.
b) Roerbak broccoli, paprika, wortel en erwten tot ze knapperig zijn.
c) Voeg de gepelde oesters toe en roerbak tot de randen krullen.
d) Giet de teriyakisaus erbij en roer om.
e) Serveer met gekookte jasmijnrijst.
f) Garneer met sesamzaadjes en gesneden groene uien.

SOEPEN EN CHOWDER

73.Crockpot-kreeftenbisque

INGREDIËNTEN:
- 1 ui, gehakt
- 5 eetlepels boter
- 3 groene preien, in plakjes gesneden
- 1 kop kreeft, versnipperd
- 2 wortels, geschild en in blokjes
- 2 kopjes mosselensap
- 3 kopjes gespleten kreeftenschalen en staarten
- 1 tomaat, zonder zaadjes, geschild en in stukjes gesneden
- 1 kopje oesters

INSTRUCTIES:
a) Fruit prei, ui, tomaat en wortel in een beetje boter.
b) Doe het over in de crockpot, samen met de kreeftenschelpen en het oestervocht, en kook op laag vuur gedurende 1 uur.
c) Haal de schelpen eraf en gooi ze weg.
d) Voeg de resterende vloeistof toe terwijl u krachtig roert; aan de kook brengen.
e) Voeg oesters, groenten en kreeftenvlees toe en kook onafgedekt ongeveer 10 minuten.

74.Chowder van oesters en zoete aardappelen

INGREDIËNTEN:
- 16 verse oesters, gepeld
- 2 zoete aardappelen, geschild en in blokjes
- 1 ui, gehakt
- 4 kopjes kippen- of groentebouillon
- 1 kop kokosroom
- 2 eetlepels olijfolie
- 1 theelepel gemalen komijn
- Zout en peper naar smaak
- Gehakte groene uien voor garnering

INSTRUCTIES:
a) Fruit de gesnipperde ui in een pan in olijfolie tot ze zacht is.
b) Voeg in blokjes gesneden zoete aardappelen, gemalen komijn, kippen- of groentebouillon toe en breng aan de kook.
c) Voeg de gepelde oesters toe en kook tot de randen krullen.
d) Roer de kokosroom erdoor en laat sudderen tot het warm is.
e) Breng op smaak met zout en peper.
f) Garneer met gehakte groene uien.
g) Heet opdienen.

75. Oester- en maïssoep

INGREDIËNTEN:
- 16 verse oesters, gepeld
- 1 kopje maïskorrels
- 4 plakjes spek, gehakt
- 1 ui, in blokjes gesneden
- 2 aardappelen, in blokjes gesneden
- 3 kopjes kippenbouillon
- 1 kopje zware room
- Zout en zwarte peper naar smaak
- Gehakte bieslook ter garnering

INSTRUCTIES:
a) Kook het gehakte spek in een grote pan tot het knapperig is.
b) Voeg de in blokjes gesneden ui toe en kook tot ze zacht zijn.
c) Roer de in blokjes gesneden aardappelen en maïskorrels erdoor.
d) Giet de kippenbouillon erbij en breng aan de kook tot de aardappelen gaar zijn.
e) Voeg de gepelde oesters toe en kook tot de randen krullen.
f) Giet de zware room erbij en laat sudderen tot het warm is.
g) Breng op smaak met zout en zwarte peper.
h) Garneer met gehakte bieslook.
i) Heet opdienen.

76.Oestersoep met Gember

INGREDIËNTEN:
- 12 Pacifische oesters
- 1,5 liter koude kippenbouillon van goede kwaliteit
- 2 tl Thaise vissaus
- 1 theelepel lichte sojasaus
- 1 middelhete groene chilipeper, ontpit en grof gehakt
- 1 cm stuk verse gemberwortel, in plakjes gesneden
- 100 g goedkope witte visfilet, fijngehakt
- 50 g prei, in dunne plakjes gesneden
- 1 eiwit
- enkele blaadjes dragon, kervel en jonge platte peterselie, ter garnering

INSTRUCTIES:
a) Open de oesters en giet het sap in een kom. Haal het oestervlees uit de schelp en bewaar het gekoeld tot het nodig is.
b) Doe het oestersap, koude kippenbouillon, Thaise vissaus, sojasaus, groene chilipeper, gember, gehakte vis, prei, eiwit en 1 theelepel zout in een grote pan.
c) Zet op een middelhoog vuur en breng langzaam aan de kook, terwijl je het mengsel af en toe roert. Laat de bouillon 5-10 seconden krachtig koken, zet het vuur laag en laat het geheel 30 minuten ongestoord sudderen.
d) Giet de soep in een schone pan door een fijne zeef bekleed met een dubbele dikte mousseline. Snijd het oestervlees in de lengte in 2 of 3 plakjes, afhankelijk van de grootte.
e) Breng de soep weer aan de kook, voeg de oesterschijfjes toe en laat ze 5 seconden zachtjes koken.
f) Schep de soep vervolgens in voorverwarmde kommen en bestrooi ze rijkelijk met de kruidenblaadjes. Serveer onmiddellijk.

77. Rokerige oester- en aardappelsoep

INGREDIËNTEN:
- 16 verse oesters, gepeld
- 4 aardappelen, geschild en in blokjes
- 1 ui, in blokjes gesneden
- 4 kopjes kippenbouillon
- 1 kopje melk
- 4 plakjes spek, gekookt en verkruimeld
- 2 eetlepels boter
- Gerookte paprika en bieslook ter garnering
- Zout en peper naar smaak

INSTRUCTIES:
a) Fruit de in blokjes gesneden ui in een pan in boter tot ze zacht zijn.
b) Voeg de in blokjes gesneden aardappelen en de kippenbouillon toe en breng aan de kook.
c) Voeg de gepelde oesters toe en kook tot de randen krullen.
d) Roer de melk erdoor en laat sudderen tot het warm is.
e) Breng op smaak met zout en peper.
f) Schep de soep in kommen en garneer met verkruimeld spek, gerookte paprika en gehakte bieslook.
g) Serveer warm.

78. Lotuswortel- en Champignonsoep

INGREDIËNTEN:
- 340 g lotuswortel, schoongemaakt en in stukjes gesneden
- 40 g zeemos
- 8 stuks Chinese champignons
- 8 stuks gedroogde oesters
- 2 liter heldere kippenbouillon

INSTRUCTIES:
a) Week de champignon en snij de steel schoon.
b) Week en reinig gedroogde oesters en zeemos.
c) Voeg alle ingrediënten toe in de soeppan en breng het aan de kook.
d) Zet het vuur laag en laat 2 uur koken.
e) Breng op smaak met zout.

79.Lagniappe-chili

INGREDIËNTEN:
- 1 pond gedroogde pintobonen
- 6 liter water of runderbouillon
- 2 Laurierblaadjes
- 3 ons gedroogde tomaten
- 1 eetlepel Salie
- 1 theelepel Oregano
- 3 theelepels Cayennepoeder
- 1 eetlepel Zwart mosterdzaad; geroosterd
- 1 eetlepel komijnzaad; geroosterd
- ½ kopje Worcestershiresaus
- ½ kopje Nuoc mam
- ¼ kopje Zwarte peper
- ¼ kopje Hete paprika
- ¼ kopje Gemalen komijn
- 4 grote Chipotle-paprika's; in stukken gescheurd
- 2 grote Jalapeno-pepers; gehakt
- 2 pond verse tomaten; gehakt
- 1 blik (28 oz) gepelde tomaten; gehakt
- 12 ons Tomatenpuree
- 2 kopjes knoflook; ingedrukt
- 2 grote gele uien; gehakt
- 4 eetlepels Canola-olie
- 1 pond Kielbasa
- 3 pond Rundergehakt
- 2 eetlepels gedroogde garnalen
- 1 kopje gerookte oesters
- ¼ kopje honing
- Zout naar smaak

INSTRUCTIES:

a) Week pintobonen een nacht. Laat de volgende ochtend de bonen uitlekken en gooi de drijvende weg.

b) Verwarm water of runderbouillon en voeg pintos toe. Breng langzaam aan de kook, zet het vuur lager, voeg laurierblaadjes toe en laat twee uur sudderen. Terwijl de bonen koken, doe je een eetlepel komijnzaad en een eetlepel zwart mosterdzaad in een kleine, droge koekenpan. Zet het vuur hoog en kook, onder voortdurend roeren, tot de zaden *net* beginnen te knappen. Haal onmiddellijk van het vuur en plet het in een vijzel en stamper of keukenmachine. Reserveren.

c) Voeg vervolgens alle droge kruiden, tomaten en chipotle-pepers toe aan de bonen. Goed roeren. Worcestershiresaus en nuoc mam toevoegen, roeren. Doe vier eetlepels olie in een grote koekenpan, hak de uien en de jalapenopeper fijn en bak op middelhoog vuur tot de uien glazig zijn. Voeg toe aan de chilipot, roer. Snijd een pond kielbasa, bruin in een koekenpan, voeg toe aan de chili. Bruin nu drie pond rundergehakt en hak het met een spatel in hapklare brokken. Haal van het vuur, laat uitlekken en voeg toe aan de chili.

d) Druk nu twee koppen (ongeveer 25 teentjes) knoflook in de chili. Voeg gedroogde garnalen en gerookte oesters toe. Roer, breng aan de kook, laat het op middelhoog vuur sudderen en kook, afgedekt, nog eens één tot twee uur, af en toe roerend.

e) Voeg ongeveer vijftien minuten voor het serveren een kwart kopje honing toe, roer en zout naar smaak. Haal van het vuur en serveer.

80.Pittige oester- en tomatensoep

INGREDIËNTEN:

- 16 verse oesters, gepeld
- 1 ui, gehakt
- 2 teentjes knoflook, fijngehakt
- 1 blikje (28 ons) tomatenblokjes
- 4 kopjes kippenbouillon
- 1 theelepel gerookte paprikapoeder
- 1/2 theelepel cayennepeper
- Zout en peper naar smaak
- Verse koriander voor garnering

INSTRUCTIES:

a) Fruit in een pan de gesnipperde ui en de gehakte knoflook tot ze zacht zijn.
b) Voeg de in blokjes gesneden tomaten en kippenbouillon toe en breng aan de kook.
c) Zet het vuur lager en laat 15 minuten sudderen.
d) Voeg de gepelde oesters toe en kook tot de randen krullen.
e) Roer de gerookte paprika en cayennepeper erdoor.
f) Breng op smaak met zout en peper.
g) Garneer met verse koriander.
h) Heet opdienen.

81.Oester- en prei-aardappelsoep

INGREDIËNTEN:
- 16 verse oesters, gepeld
- 2 preien, in plakjes gesneden
- 3 aardappelen, geschild en in blokjes
- 4 kopjes kippen- of groentebouillon
- 1 kopje melk
- 2 eetlepels boter
- Zout en peper naar smaak
- Verse dille voor garnering

INSTRUCTIES:
a) In een pan de gesneden prei in boter fruiten tot ze zacht zijn.
b) Voeg de in blokjes gesneden aardappelen, kip- of groentebouillon toe en breng aan de kook tot de aardappelen gaar zijn.
c) Voeg de gepelde oesters toe en kook tot de randen krullen.
d) Giet de melk erbij en laat sudderen tot het warm is.
e) Breng op smaak met zout en peper.
f) Garneer met verse dille.
g) Serveer warm.

82. Aziatische chrysantenkom

INGREDIËNTEN:

- 2 liter kippenbouillon
- ¾ eetlepel Sesamolie
- 2 theelepels Zout
- 4 ons bonendraden cellofaannoedels
- 1 Koolkop, versnipperd
- 1 pond spinazie, vers
- 2 Kipfilets zonder bot
- 8 ons kippenlevers
- 8 ons varkenshaasje
- 8 ons stevige witte vis
- 8 ons garnalen
- 1 kopje oesters
- 3 eetlepels sojasaus
- 2 eetlepels Sherry
- 2 grote Chrysanten

INSTRUCTIES:

a) Snijd alle vlees en groenten op Chinese wijze.
b) Breng kippenbouillon, olie en zout aan de kook in een serveerpot.
c) Schik de noedels en alle rauwe ingrediënten mooi op een schaal.
d) Voeg sherry en sojasaus toe aan de borrelende bouillon.
e) Voorzie de gasten van eetstokjes en serveerschalen. nodig gasten uit om de rauwe ingrediënten aan de bouillon toe te voegen.
f) Laat koken totdat de vis en garnalen ondoorzichtig zijn.
g) Strooi vlak voordat de gasten zichzelf uit de pot serveren de blaadjes van de chrysanten over de borrelende soep.
h) Serveer de soep in kommen.

83. Bisque van oesters en wilde paddenstoelen

INGREDIËNTEN:

- 16 verse oesters, gepeld
- 2 kopjes wilde paddenstoelen, in plakjes gesneden
- 1 ui, in blokjes gesneden
- 4 teentjes knoflook, fijngehakt
- 4 kopjes kippen- of groentebouillon
- 1 kopje zware room
- 2 eetlepels olijfolie
- Zout en peper naar smaak
- Verse tijmblaadjes ter garnering

INSTRUCTIES:

a) Fruit in een pan de in blokjes gesneden ui en de gehakte knoflook in olijfolie tot ze zacht zijn.
b) Voeg de gesneden boschampignons toe en kook tot ze gaar zijn.
c) Giet de kippen- of groentebouillon erbij en breng aan de kook.
d) Voeg de gepelde oesters toe en kook tot de randen krullen.
e) Roer de slagroom erdoor en laat sudderen tot het warm is.
f) Breng op smaak met zout en peper.
g) Garneer met verse tijmblaadjes.
h) Serveer warm.

84. Soep van oesters en geroosterde rode paprika

INGREDIËNTEN:
- 16 verse oesters, gepeld
- 2 rode paprika's, geroosterd en geschild
- 1 ui, gehakt
- 2 wortels, gehakt
- 4 kopjes kippen- of groentebouillon
- 1 kopje kokosmelk
- 2 eetlepels olijfolie
- Zout en peper naar smaak
- Gerookt paprikapoeder ter garnering

INSTRUCTIES:
a) Fruit in een pan de gesnipperde ui en wortels in olijfolie tot ze zacht zijn.
b) Voeg de geroosterde en geschilde rode paprika, de kippen- of groentebouillon toe en breng aan de kook.
c) Voeg de gepelde oesters toe en kook tot de randen krullen.
d) Blend de soep tot een gladde massa.
e) Roer de kokosmelk erdoor en laat sudderen tot het warm is.
f) Breng op smaak met zout en peper.
g) Garneer met een snufje gerookt paprikapoeder.
h) Heet opdienen.

85.Oester- en maïsvelouté

INGREDIËNTEN:
- 16 verse oesters, gepeld
- 2 kopjes maïskorrels
- 1 ui, in blokjes gesneden
- 4 kopjes kippen- of groentebouillon
- 1 kopje melk
- 2 eetlepels boter
- Zout en witte peper naar smaak
- Verse peterselie ter garnering

INSTRUCTIES:
a) Fruit de in blokjes gesneden ui in een pan in boter tot ze zacht zijn.
b) Voeg maïskorrels, kip- of groentebouillon toe en breng aan de kook.
c) Voeg de gepelde oesters toe en kook tot de randen krullen.
d) Blend de soep tot een gladde massa.
e) Roer de melk erdoor en laat sudderen tot het warm is.
f) Breng op smaak met zout en witte peper.
g) Garneer met verse peterselie.
h) Serveer warm.

86.Zeevruchtensoep met oesters en saffraan

INGREDIËNTEN:
- 16 verse oesters, gepeld
- 1/2 kop garnalen, gepeld en ontdaan van darmen
- 1/2 kop Sint-Jakobsschelpen
- 1 ui, fijngehakt
- 2 teentjes knoflook, fijngehakt
- 4 kopjes visbouillon
- 1/4 theelepel saffraandraadjes
- 1 kopje in blokjes gesneden tomaten
- 2 eetlepels olijfolie
- Zout en peper naar smaak
- Verse koriander voor garnering

INSTRUCTIES:
a) Fruit in een pan de gesnipperde ui en de gehakte knoflook in olijfolie tot ze zacht zijn.
b) Voeg garnalen en sint-jakobsschelpen toe en kook tot ze ondoorzichtig beginnen te worden.
c) Giet de visbouillon, de saffraandraadjes en de in blokjes gesneden tomaten erbij. Laat 10-15 minuten sudderen.
d) Voeg de gepelde oesters toe en kook tot de randen krullen.
e) Breng op smaak met zout en peper.
f) Garneer met verse koriander.
g) Heet opdienen.

87.Romige oester- en aardappelsoep

INGREDIËNTEN:

- 16 verse oesters, gepeld
- 4 aardappelen, geschild en in blokjes
- 1 ui, gehakt
- 4 kopjes kippenbouillon
- 1 kopje zware room
- 2 eetlepels boter
- 2 eetlepels bloem voor alle doeleinden
- Baconstukjes ter garnering
- Gehakte bieslook ter garnering
- Zout en peper naar smaak

INSTRUCTIES:

a) Fruit de gesnipperde ui in een pan in boter tot ze zacht is.
b) Voeg de in blokjes gesneden aardappelen en kippenbouillon toe en laat sudderen tot de aardappelen gaar zijn.
c) Maak in een kleine pan een roux door de boter te smelten en de bloem erdoor te roeren tot een gladde massa.
d) Klop de roux geleidelijk door de soep, zodat deze dikker wordt.
e) Voeg de gepelde oesters toe en kook tot de randen krullen.
f) Giet de zware room erbij en laat sudderen tot het warm is.
g) Breng op smaak met zout en peper.
h) Garneer met spekblokjes en gehakte bieslook.
i) Serveer warm.

88.Oester- en knolselderijsoep

INGREDIËNTEN:
- 16 verse oesters, gepeld
- 1 knolselderij, geschild en in blokjes
- 1 prei, gesneden
- 4 kopjes kippen- of groentebouillon
- 1 kopje melk
- 2 eetlepels olijfolie
- 1 theelepel gemalen nootmuskaat
- Zout en witte peper naar smaak
- Verse tijm voor garnering

INSTRUCTIES:
a) In een pan de gesneden prei in olijfolie fruiten tot ze zacht is.
b) Voeg de in blokjes gesneden knolselderij en de kip- of groentebouillon toe en laat sudderen tot de knolselderij gaar is.
c) Voeg de gepelde oesters toe en kook tot de randen krullen.
d) Roer de melk erdoor en laat sudderen tot het warm is.
e) Breng op smaak met gemalen nootmuskaat, zout en witte peper.
f) Garneer met verse tijm.
g) Heet opdienen.

89.Gerookte oestersoep

INGREDIËNTEN:
- 16 gerookte oesters, uit blik
- 4 aardappelen, geschild en in blokjes
- 1 ui, in blokjes gesneden
- 4 kopjes kippenbouillon
- 1 kopje melk
- 2 eetlepels boter
- 2 eetlepels bloem voor alle doeleinden
- Gerookt paprikapoeder ter garnering
- Gehakte peterselie ter garnering
- Zout en peper naar smaak

INSTRUCTIES:
a) Fruit de in blokjes gesneden ui in een pan in boter tot ze zacht zijn.
b) Voeg de in blokjes gesneden aardappelen en kippenbouillon toe en laat sudderen tot de aardappelen gaar zijn.
c) Maak in een kleine pan een roux door de boter te smelten en de bloem erdoor te roeren tot een gladde massa.
d) Klop de roux geleidelijk door de soep, zodat deze dikker wordt.
e) Voeg gerookte oesters toe en kook tot ze warm zijn.
f) Roer de melk erdoor en laat sudderen tot het warm is.
g) Breng op smaak met zout en peper.
h) Garneer met gerookte paprika en gehakte peterselie.
i) Serveer warm.

90. Bisque van oesters en venkel

INGREDIËNTEN:

- 16 verse oesters, gepeld
- 1 venkelknol, gehakt
- 1 ui, gehakt
- 4 kopjes kippen- of groentebouillon
- 1 kopje zware room
- 2 eetlepels olijfolie
- 1/2 theelepel gemalen koriander
- Zout en peper naar smaak
- Geroosterd venkelzaad ter garnering

INSTRUCTIES:

a) Fruit in een pan de gesnipperde ui en venkel in olijfolie tot ze zacht zijn.
b) Voeg de kippen- of groentebouillon toe en breng aan de kook tot de venkel gaar is.
c) Voeg de gepelde oesters toe en kook tot de randen krullen.
d) Giet de zware room erbij en laat sudderen tot het warm is.
e) Breng op smaak met gemalen koriander, zout en peper.
f) Garneer met geroosterd venkelzaad.
g) Heet opdienen.

SALADES EN KANTEN

91.Oester- en avocadosalade

INGREDIËNTEN:
- 2 kopjes gemengde groenten
- 16 verse oesters, gegrild of geschroeid
- 1 avocado, in plakjes gesneden
- 1/2 kop kerstomaatjes, gehalveerd
- Balsamicovinaigrettedressing
- Verkruimelde fetakaas ter garnering

INSTRUCTIES:
a) Schik de gemengde groenten op borden.
b) Beleg met gegrilde of in de pan geschroeide oesters, plakjes avocado en kerstomaatjes.
c) Besprenkel met balsamicovinaigrette.
d) Garneer met verkruimelde fetakaas.
e) Serveer als verfrissende ontbijtsalade.

92. Rockefeller-salade van oesters

INGREDIËNTEN:
- 16 verse oesters, gepeld
- Gemengde groene salades (rucola, spinazie, waterkers)
- 1 kop kerstomaatjes, gehalveerd
- 1/2 kopje verkruimelde fetakaas
- 1/4 kop balsamicovinaigrette
- Citroenpartjes ter garnering

INSTRUCTIES:
a) Schik de gemengde saladegroenten op een serveerschaal.
b) Beleg met de gepelde oesters.
c) Verdeel de gehalveerde kerstomaatjes en verkruimelde fetakaas over de salade.
d) Besprenkel met balsamicovinaigrette.
e) Garneer met partjes citroen.
f) Koel Serveren.

93.Quinoa-salade met oesters en granaatappel

INGREDIËNTEN:
- 16 verse oesters, gepeld
- 1 kop gekookte quinoa, gekoeld
- 1 kop rucola
- 1/2 kop granaatappelpitjes
- 1/4 kopje geitenkaas, verkruimeld

GRANAATAPPELVINAIGRETTE:
- 1/4 kopje granaatappelsap
- 2 eetlepels olijfolie
- 1 eetlepel balsamicoazijn
- 1 theelepel honing
- Zout en peper naar smaak

INSTRUCTIES:
a) Meng in een grote kom gekookte quinoa, rucola, granaatappelpitjes en verkruimelde geitenkaas.
b) Beleg de quinoasalade met gepelde oesters.
c) Meng in een kleine kom granaatappelsap, olijfolie, balsamicoazijn, honing, zout en peper om de vinaigrette te maken.
d) Druppel de granaatappelvinaigrette over de salade.
e) Meng voorzichtig om te combineren.
f) Serveer op kamertemperatuur.

94. Oester- en avocado-komkommersalade

INGREDIËNTEN:
- 16 verse oesters, gepeld
- 2 avocado's, in plakjes gesneden
- 1 komkommer, in plakjes gesneden
- 1/4 kop rode ui, in dunne plakjes gesneden
- 2 eetlepels verse koriander, gehakt

LIME VINAIGRETTE:
- 1/4 kopje olijfolie
- 2 eetlepels limoensap
- 1 theelepel honing
- Zout en peper naar smaak

INSTRUCTIES:
a) Schik de avocadoplakken op een serveerschaal.
b) Beleg met de gepelde oesters en plakjes komkommer.
c) Verdeel de in dunne plakjes gesneden rode ui over de salade.
d) Meng in een kleine kom olijfolie, limoensap, honing, zout en peper.
e) Druppel de limoenvinaigrette over de salade.
f) Strooi er gehakte koriander overheen.
g) Serveer onmiddellijk.

95.Oester-mangosalade met chili-limoendressing

INGREDIËNTEN:
- 16 verse oesters, gepeld
- 2 mango's, geschild en in blokjes gesneden
- 1 rode paprika, in blokjes gesneden
- 1/4 kopje rode ui, fijngehakt
- 1 jalapeño, in dunne plakjes gesneden
- Verse muntblaadjes ter garnering

CHILI-LIME DRESSING:
- 3 eetlepels olijfolie
- 2 eetlepels limoensap
- 1 theelepel honing
- 1/2 theelepel chilipoeder
- Zout en peper naar smaak

INSTRUCTIES:
a) Schik de in blokjes gesneden mango's op een serveerschaal.
b) Beleg met de gepelde oesters en in blokjes gesneden rode paprika.
c) Strooi fijngesneden rode ui en gesneden jalapeño over de salade.
d) Meng in een kleine kom olijfolie, limoensap, honing, chilipoeder, zout en peper om de dressing te maken.
e) Druppel de chili-limoendressing over de salade.
f) Garneer met verse muntblaadjes.
g) Koel Serveren.

96.Oester- en watermeloensalade

INGREDIËNTEN:
- 16 verse oesters, gepeld
- 2 kopjes watermeloen, in blokjes
- 1 kopje fetakaas, verkruimeld
- 1/4 kopje verse muntblaadjes, gehakt
- Balsamicoglazuur om te besprenkelen
- Zout en peper naar smaak

INSTRUCTIES:
a) Schik de watermeloenblokjes op een serveerschaal.
b) Beleg met de gepelde oesters en verkruimelde fetakaas.
c) Strooi gehakte verse munt over de salade.
d) Besprenkel met balsamicoglazuur.
e) Breng op smaak met zout en peper.
f) Koel Serveren.

97. Oester- en aspergesalade

INGREDIËNTEN:
- 16 verse oesters, gepeld
- 1 bos asperges, geblancheerd en in plakjes gesneden
- Gemengde groene salades
- 1/4 kop pijnboompitten, geroosterd

CITROEN DIJON VINAIGRETTE:
- 1/4 kopje olijfolie
- 2 eetlepels citroensap
- 1 theelepel Dijon-mosterd
- 1 theelepel honing
- Zout en peper naar smaak

INSTRUCTIES:
a) Schik de gemengde saladegroenten op een serveerschaal.
b) Beleg met gesneden asperges en gepelde oesters.
c) Meng in een kleine kom olijfolie, citroensap, Dijon-mosterd, honing, zout en peper om de vinaigrette te maken.
d) Sprenkel de Lemon Dijon Vinaigrette over de salade.
e) Strooi er geroosterde pijnboompitten over.
f) Serveer onmiddellijk.

98.Oester- en Quinoasalade

INGREDIËNTEN:
- 16 verse oesters, gepeld
- 1 kop gekookte quinoa, gekoeld
- 1 kop kerstomaatjes, gehalveerd
- 1/2 kopje komkommer, in blokjes gesneden
- 1/4 kop fetakaas, verkruimeld

INSTRUCTIES:
a) Meng in een grote kom gekookte quinoa, gehalveerde kerstomaatjes, in blokjes gesneden komkommer en verkruimelde fetakaas.
b) Bestrijk het quinoamengsel met de gepelde oesters.
c) Meng voorzichtig om te combineren.
d) Serveer op kamertemperatuur.

99.Oester- en couscoussalade

INGREDIËNTEN:
- 16 verse oesters, gepeld
- 1 kopje couscous, gekookt en afgekoeld
- 1 komkommer, in blokjes gesneden
- 1 kop kerstomaatjes, gehalveerd
- 1/4 kopje Kalamata-olijven, in plakjes gesneden
- Fetakaas, verkruimeld

INSTRUCTIES:
a) Meng in een grote kom gekookte couscous, in blokjes gesneden komkommer, gehalveerde kerstomaatjes, gesneden Kalamata-olijven en verkruimelde fetakaas.
b) Bestrijk het couscousmengsel met de gepelde oesters.
c) Meng voorzichtig om te combineren.
d) Serveer op kamertemperatuur.

100.Slaw van oesters en radijs

INGREDIËNTEN:
- 16 verse oesters, gepeld
- 2 kopjes geraspte kool
- 1 kopje radijsjes, in dunne plakjes gesneden
- 1/4 kopje Griekse yoghurt
- 1 eetlepel appelazijn
- 1 theelepel Dijon-mosterd
- 1 theelepel honing
- Verse dille voor garnering
- Zout en peper naar smaak

INSTRUCTIES:
a) Meng in een grote kom de geraspte kool en de dun gesneden radijsjes.
b) Beleg de sla met gepelde oesters.
c) Meng in een kleine kom Griekse yoghurt, appelciderazijn, Dijon-mosterd, honing, zout en peper.
d) Druppel de dressing over de sla.
e) Garneer met verse dille.
f) Koel Serveren.

CONCLUSIE

Terwijl we onze reis door "Het complete kookboek van oesterlover" afsluiten, spreken we onze oprechte waardering uit voor het feit dat we met ons mee zijn gegaan op dit smaakvolle avontuur door de wereld van oesters. We hopen dat deze 100 onweerstaanbare creaties een hernieuwde passie hebben aangewakkerd voor de culinaire mogelijkheden die deze oceanische delicatessen op tafel brengen.

Dit kookboek is meer dan alleen een compilatie van recepten; het is een bewijs van de diverse en genuanceerde aard van oesters: een viering van hun smaken, texturen en de vreugde die ze brengen voor degenen die de schoonheid van zeevruchten waarderen. Terwijl u geniet van de laatste hapjes van deze creaties, moedigen wij u aan om de wereld van de oesters verder te verkennen en te experimenteren met verschillende soorten en kookmethodes om uw perfecte oesterervaring te vinden.

Moge "Het complete kookboek van de oesterliefhebber" een bron van inspiratie zijn voor uw culinaire inspanningen, gesprekken op gang brengen en blijvende herinneringen creëren rond de eettafel. Bedankt dat we deel mochten uitmaken van jouw oesterminnende reis. Totdat onze paden elkaar weer kruisen in het rijk van heerlijke ontdekkingen, gelukkig pellen en genieten van de wereld van oesterlekkernijen!

www.ingramcontent.com/pod-product-compliance
Lightning Source LLC
Chambersburg PA
CBHW071902110526
44591CB00011B/1519